「食」の図書館

ハンバーガーの歴史

HAMBURGER: A GLOBAL HISTORY

ANDREW F. SMITH
アンドルー・F・スミス【著】
小林朋則【訳】

原書房

目次

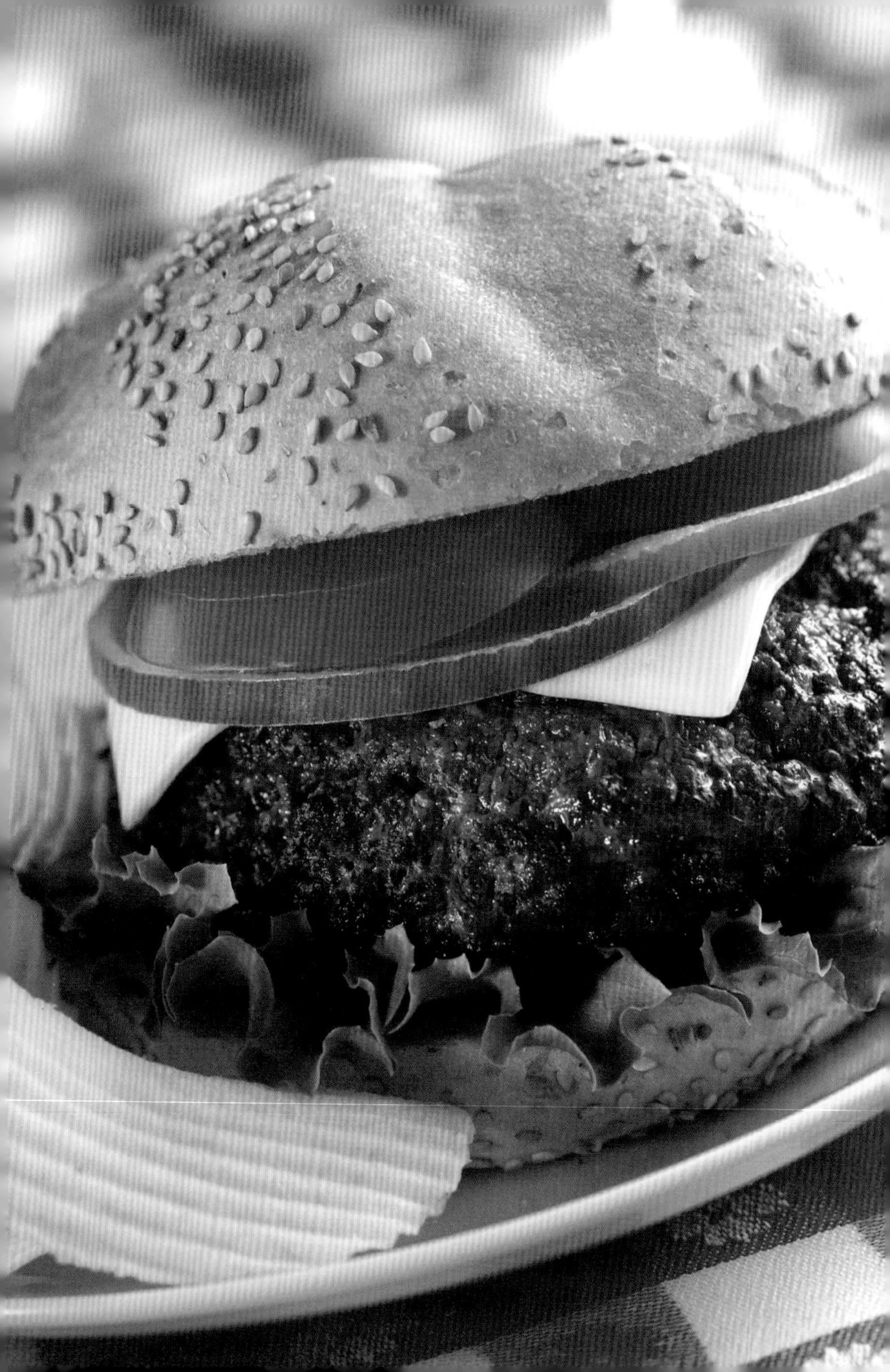

序章

記憶をたどると、私が初めて外食した場所は小さなハンバーガー屋だった。幼いころ私はカリフォルニア州ロサンゼルス市サンランドに住んでおり、そのハンバーガー屋は、サンランドにある公園の通りを挟んだ向かいにあった。58年たった今（2008年）でもよく覚えているが、店主は太った年配の男性で、身につけていた白いエプロンは油やケチャップやマスタードで染みだらけだった。店は、牛肉のパティを焼くためのグリルを備えたランチワゴン（移動販売車）で、ずいぶんと小さく、店主の巨体を収めるにはスペースが足りなそうだった。サイドメニューや冷たいドリンク、デザートやフライドポテトは覚えていない。記憶にあるのはハンバーガーだけだ。私の家族はいつもハンバーガーを5つ注文していて、値段は合計で1ドル。1950年当時でもけっこうな安値だった。覚えている限り客は私たちしかいなかったが、それも当然だろう。何しろ、パティを焼いてバンズに挟《はさ》んで紙に包む

かつてハンバーガー・ショップは屋外にあることが多く、客を守るものは、この写真のように軒先テントくらいしかなかった。テキサス州ハーリンジェン、1939年。

のに10分以上もかかっていたのだ。腹を空かせた4歳児にとって、10分は永遠と言ってい い。私たちは買ったバーガーを、乗ってきた自動車の中かピクニック用のベンチで食べ、それから公園に走って戻って再び遊んだものだった。

近所のハンバーガー屋の思い出は、その5年後に初めてマクドナルドへ行ったことですっかりかすんでしまった。公園の小さな屋台と比べたら、マクドナルドは目もくらむような宮殿だった。建物は清潔で、広々としていてカラフルで、明るい照明がついていた。注文をする建物正面はガラス張りで斜めにせり出しており、その奥では、スタッフである十代のさわやかな少年たちが、軍隊のような正確さで作業をこなしているのが見えた。店

1930年代の小さなハンバーガー・ショップの店内。テキサス州アルパイン、1939年。

の前には長い行列ができていたが、サービスはスピーディーで待ち時間は短かった。メニューは、ハンバーガーのほかはチーズバーガー、フライドポテト、麦芽乳、炭酸飲料と、品ぞろえは非常に少なかったが、客の要望にぴったりマッチしていた。しかも、値段が安かった。1回分の食事に50セントもかからず、4人家族なら3ドル以下でそこそこ満腹になることができた。

外の看板には、マクドナルドはハンバーガーを100万個売ったと、誇らしげに書かれていた。これは、私にはまったく信じられない数字で、正直ウソだと思った。当時はマクドナルドがフランチャイズ展開を始めたばかりで、店舗はロサンゼルス都市圏に10軒かそこらしかなかった。そんな小さなハンバーガー・チェーンが、これほどの短期間に１００万個ものバーガーを販売できたとは考えられなかったからだ。

時代は変わり、それとともにマクドナルドに対する私の認識も変わった。１９４８年にカリフォルニア州サンバーナーディーノのEストリートで創業したときには、八角形の小さなレストランだったマクドナルドは、60年後の今では全世界で3万以上の店舗と推計25万人の従業員を抱える巨大多国籍企業だ。看板に書かれていたハンバーガーの販売数も１０００億個以上に増えていて、これは現在地球上に住む人ひとりあたり約16個という計算になる。

ハンバーガーは、まずアメリカで19世紀後半に屋台で売られるB級の食べ物として登場した。それからわずか数十年で、肉汁たっぷりなハンバーガーは「ファストフード」業という、アメリカ人の食事のあり方を根本から変えることになる完全に新しい食品流通モデルの中心となった。さらにハンバーガーは、発祥の地から他の国々へと広まり、20世紀末には世界でも屈指の急成長を遂げた業界の礎になった。

ハンバーガーが世界中で愛される食べ物になっていく歩みはワクワクするような物語で、そこに登場する人々も、早いのが取り柄のコックと超一流のシェフをはじめ、屋台商と大実業家、家族経営の中小店と大規模な複合企業、ハンバーガー業界の大物とベジタリアン、強力な宣伝マンと健康食品の支持者、ファストフード・マニアと厳格な「スローフード」支持者、強硬な批判者とフレーバー重視の愛好者など、多種多様だ。ハンバーガーは、現地の文化や嗜好《しこう》に合わせることでここまで広まり、その過程で世界を変えてきたのである。

ハンバーガーにまつわるフェイクロア

料理の歴史にかかわる問題ではよくあることだが、ハンバーガーの起源についてはフォークロア（民間伝承）ならぬフェイクロア、つまり事実でないのに事実であるかのように語られ広まっている話が数多くある。例えば、タルタル・ステーキの語源であるタタール人はハンバーガーと関係がないし、ドイツのハンブルク市民もハンバーガーとはごくごく薄い関係しかない。ハンバーガーの「考案者」とされる候補は複数いるが、どの候補にも、その主張を裏づける決定的な証拠は見つかっていない。ニューヨークにあったレストラン「デルモニコズ」の１８３４年のメニューに「ハンバーグ・ステーキ」と記されていたという話が証拠としてたびたび取り上げられるが、この話はフェイクである。１９０４年の新聞にハンバーガーを考案してセントルイス万国博覧会で売った人物についての記事があると言われていて、証拠として引き合いに出されることも多いが、その記事は確認されておらず、仮に見つかったとしても、それがハンバーガーのアメリカ初登場を意味しないのは明らかだ。マクドナルドはレイ・クロックが創業したわけではないし、マクドナルドの1号店ができた場所はイリノイ州デスプレーンズ市ではない。

第1章◉庶民が生んだハンバーガー

2006年11月、テキサス州下院議員ベティー・ブラウンは、テキサス州アセンズを「ハンバーガー発祥の地」と正式に宣言する決議案を州議会に提出した。彼女が決議案の根拠としたのは、フレッチャー・デイヴィスという人物が1880年代にアセンズの軽食堂でハンバーガーを考案したという説だ。公聴会が開かれた後、決議案は2007年3月に州議会で可決された。これに負けじと、ウィスコンシン州議会は2007年8月、チャーリー・ナグリーンをハンバーガーの考案者とし、同州シーモアを真の「ハンバーガーの発祥地」と宣言すると決議した。このふたり以外にもハンバーガーの考案者とされる有力候補には、1885年にニューヨーク州のエリー郡農産物評会で初めてハンバーガーを販売したとされるフランクとチャールズのメンチェズ兄弟や、1900年ごろに初めてハンバーガーを売ったと言われているコネチカット州ニューヘヴンのルイス・ラッセンなどがいる。

これらの候補者たちには共通点がひとつある。その主張を裏づける確たる証拠がまったく見つかっていないのだ。ハンバーガー——正式にはハンバーガー・サンドイッチ。厳密に定義すれば、牛挽《ひ》き肉のパティを焼いて2枚のパンで挟んだ料理——を本当は誰が考案したのか、この問題に決着がつくことは今後もおそらくないだろう。それでもひとつはっきりしているのは、この組み合わせが登場したのが、サンドイッチと牛挽き肉のパティがそれぞれ別々に考案されてからかなり後の、19世紀後半だったことである。

◉サンドイッチの考案

ハンバーガーの遠い祖先をたどると、サンドイッチ発祥の地とされる18世紀のイギリスに行きつく。1760年代、ピエール＝ジャン・グロレという名のフランス人がロンドンを訪れ、帰国後に滞在記を書いた。その本は、18世紀ロンドンの旅行ガイドとして絶大な人気を博した。その中でグロレは、ある大臣が24時間ぶっ通しでカード賭博に興じ、そのあいだは空腹を満たすため牛肉を2枚のパンで挟んだものしか食べていなかったと紹介した。グロレによれば、この「料理」には、そのギャンブル狂の大臣の名が付けられていたという。グロレは料理の名前も考案者の正体も記していないが、後に名著『ローマ帝国衰亡史』を執筆したエドワード・ギボンは、１７６２年11月24日の日記に、紳士向けの高級賭博クラブ「ココア・ツリー」で「サンドイッチ」を食べたと書き残している。このふたつの記述を合わせると、この料理の考案者は、１７６０年代に海軍大臣を務めていたジョン・モンタギュー第４代サンドイッチ伯爵ということになるだろう。実際には、伯爵が牛肉のスライスをパンのスライス２枚に挟んで食べた最初の人物であるとは考えられないが、それでも、以来現在に至るまで、伯爵がサンドイッチの考案者とされている。

起源はともかく、サンドイッチは作るのも食べるのも簡単だった。その手軽さが受けてサンドイッチは広まった。味も、広まるのに一役買った。パンや牛肉などメインとなる食材の存在感を比較的残しつつ、材料を何層にも重ねることで、さまざまな風味と食感を同時に味わえたからだ。サンドイッチは、まずイギリスの上流階級で流行した。１７７０年代にはサンドイッチのレシピがイギリスの料理本に登場し、19世紀初頭には同様のレシピがアメリカに現れた。ほとんどのレシピは、サンドイッチには非常に薄い食パンか、前日に焼いたスポンジケーキ、または小さなロールパンを、一口サイズの四角形か三角形に切って使うようにと指示している。挟む具材としては、チーズ、ハム、小エビ、オイスター、缶詰または瓶詰の味つけ肉、カニ、ロブスター、ソーセージ、タン（舌肉）、アンチョビ、チキンその他各種鳥類の肉などが挙げられていた。こうした材料で作られたおいしいサンドイッチは、昼食会や茶会、夜会、ピクニックで女主人が客に出したり、バスケットに詰めて移動の際のお弁当にしたりしたほか、喫茶店で販売されることもあった。ミニサイズなのでサンドイッチはまとめて大皿に載せて出され、一口で食べられる大きさだったので取り皿は必要なかった。

アメリカでは、サンドイッチは違った方向に進化した。上流階級の家庭ではミニサイズのサンドイッチが供されていたが、労働者階級が求めたのは、もっと栄養豊富でバラエティーにあふれ、食べ応えもある、大きなロールパンで作ったサンドイッチだった。そうしたサンドイッチは、居酒屋やバーでよく出されていた。あるイギリス人批評家は１８８０年にアメリカのバー・カウンターについて書いており、その中で、カウンターには巨大なビーフ・サンドイッチが山積みにされていて、そのサンドイッチひとつだけで十分お腹いっぱいになりそうだったと記している。そんなサンドイッチが見る見るうちに客に食べられて消えていくことに、そのイギリス人は驚いていた。バーでは、この手のサンドイッチは無料サービスの場合が多かった。軽食を無料で提供すれば客が酒をもっと注文してくれるのではと考えてのことだ。

牛肉は当初からサンドイッチの具材として使われており、多くの料理本で、薄くスライスした牛肉とマスタードを使ったビーフ・サンドイッチのレシピが紹介されていた。だが、人気が高かったとはいえビーフ・サンドイッチは万人向けというわけではなかった。薄いスライス肉をやわらかいパンで挟んだ食べ物であっても、それを嚙《か》んで飲み込むのが難しいという人はいる。特に歯がほとんど、あるいはまったくない人はたいへんで、しかも歯のない人は19世紀には少なくなかった。胃腸の弱い人も、牛肉はスライスはおろか刻み肉ですら食べることができなかった。19世紀には消化不良を訴える人が非常に多く、欧米の医療従事者たちは、そうした患者に生の牛肉を食べることを勧めていた。赤身の牛肉を生のまま細かく刻んだものをパンに塗って食べたり、肉汁を抽出して温めたものを「ビーフ・ティー」と称して飲んだりしていた。１８７０年代には、生の牛肉をスプーンなどで細かくこそげ取ったものを使ったレシピがいくつか発表され、そうしたレシピは後にエリザベス・S・ミラー著『キッチンにて *In the Kitchen*』（１８７５年）など、欧米の料理本に掲載された。ボストン料理学校の教師メアリー・J・リンカーンは、著書『リンカーン夫人のボストン料理帳：料理ですべきこととすべきでないこと *Mrs. Lincoln's Boston Cook Book: What to Do and What Not to Do in Cooking*』（１８８４年）で、生牛肉のビーフ・サンドイッチはトーストすると食べやすくなるかもしれないと書いている。また、生の牛肉を食べるのにより適した料理であるタルタル・ステーキがレストランのメニューやイギリスの料理本に登場し、例えばチャールズ・ハーマン・セン著『厳選サイドディッシュ *Recherché Side Dishes*』（１９０１年）でも作り方が紹介されている（１９３ページ参照）。

1867年、ニューヨークの医師ジェームズ・H・ソールズベリーは、牛肉を生で食べることに反対の声を上げた。彼を含む何人かの医療従事者たちが、牛の生食は病気の原因になると考えたからだ。ソールズベリーは生食の代わりに、牛肉を細かくこそげ取ったものを厚さ3センチ程度のパティに成形し、それを直火焼きにして食べることを提唱した。また、これに調味料としてバター、コショウ、塩、ウスターソース、マスタード、ホースラディッシュ（西洋わさび）、レモンの搾り汁などを好みで添えることも推奨した（193ページ参照）。この料理は「ソールズベリー・ステーキ」と呼ばれ、遅くとも1889年にはレシピが医学書や料理本に掲載されていた。同様のレシピは違った料理名でも紹介された。そうした名前のひとつが「ハンバーグ・ステーキ」で、これが19世紀末に普及して一般的な名称になった。「ソールズベリー・ステーキ」という名がレストランのメニューで広まるのは第一次世界大戦中、「ハンバーグ」がドイツの都市ハンブルク（Hamburg）の英語読みであることから、そのドイツ風の呼称が愛国的な名前に差し替えられてからである。名前はどうあれ、この牛肉のパティは皿に載せて出され、ナイフとフォークで食べられていた。

このステーキを調理する際の難点は、生の牛肉をこそげ取る作業に手間がかかることだった。この作業をものすごく楽にしたのが、当時普及し始めていた肉挽き器だ。手製の肉挽き器は1840年代には存在していたし、商品としての肉挽き器は1850年代から販売されていたが、アメリカの一般家庭には広まっていなかった。しかし、1876年のフィラデルフィア万国博覧会に肉挽き器が出品されると、瞬く間にキッチンの必需品になった。商品名「エンタープライズ・チョッパー」や「アメリカン・チョッパー」といった肉挽き器が人気になった。1880年代にはソールズベリーら医療従事者たちが、牛肉を使った治療食を作る道具としてアメリカン・チョッパーを人々に推薦した。その後すぐにシェフや料理学校の教師たちからも推薦されるようになった。

肉挽き器は、肉屋にとって非常に役立つ道具になった。これまでは、くず肉や臓物は売り物にならなかったり引き取り手がなかったりで廃棄するしかなかったが、それを今後は活用できるからだ。また、牛挽き肉に肉以外の材料を加えることが可能となり、消費者にとっては挽き肉の中に本当は何が入っているのかを知るのが非常に難しくなった。挽き肉は値段が安くて労働者向けに売るのに最適であり、これに軟骨や皮、余分な脂肪など、もっと安い混ぜ物を加えることで、肉屋はすでにたっぷり稼いでいる利益をさらに増やすことができた。

◉ハンブルク・ビーフ

本物のハンブルク・ビーフは、19世紀には高価なグルメ食材だった。そもそもハンブルク・

ビーフとは、原則としてドイツのハンブルク周辺の農村地帯で育てられた牛から生産された牛肉のことで、ドイツではさまざまな調理法で食べられていた。新鮮なハンブルク・ビーフを調理する一般的な方法のひとつに、刻んで調味料で味つけしたらパティに成形するというものがあったが、その場合パティにしたらすぐに使わなくてはならなかった。冷蔵庫が発明される以前、牛肉を保存するには、燻製《くんせい》にしたり、干し肉にしたり、塩漬けにしたり、香辛料と混ぜてソーセージにしたりするしかなかった。ハンブルク・ビーフは北ドイツ以外では高価だったため、ほかの産地の牛肉で同様のパティを作るレシピが、19世紀のさまざまな料理本に掲載された。牛肉のパティは、ヨーロッパ大陸諸国、イギリス、北アメリカにいろいろな名前で広まった。例えばイギリスとアメリカでは、チョップト・ビーフ・パティ（刻んだ牛肉のパティ）、ミンスト・ビーフ・パティ（みじん切りした牛肉のパティ）、スクレイプト・ビーフ・パティ（こそげ取った牛肉のパティ）、ビーフ・ケーキ、ビーフステーキ・ケーキ、ソーセージ＝ミート・ケーキなどと呼ばれた。牛肉に豚肉やラム肉（子羊の肉）など他の肉を刻んで混ぜることも頻繁に行なわれていた。パティの味つけには、タマネギ、ニンニク、塩、コショウを使うのが一般的だった。パティは生のまま食卓に出されることもあったが、直火で焼くか油を敷いたフライパンで焼くのが普通だった。

17世紀以降、アメリカにはドイツから移民がやってきてペンシルヴェニア州を中心に多くの地域でコミュニティーを作った。1848年のドイツ三月革命が失敗に終わると、ドイツからの亡命者がニューヨーク、フィラデルフィア、ミルウォーキー、シンシナティ、セントルイス、シカゴなどアメリカの大都市に押し寄せた。現在もそうだが、当時の都市で移民が就職できる数少ない業種のひとつが、食品業界だった。多くのドイツ系移民は農場で働いたが、都市に移り住んだ人たちは肉屋やレストランやデリカテッセン（総菜屋）を開いた。1860年代末には、おいしくて安価な外国料理に魅せられて多種多様な人々がドイツ料理レストランに常連客としてやってくるようになっていた。

ハンバーグ・ステーキ（またはハンバーガー・ステーキ）がアメリカのドイツ料理レストランのメニューに初めて登場したのは、1870年代初頭のことだった。例えば、ニューヨークにあったオーガスト・アーミッシュという人物のレストランは、1873年にハンバーガー・ステーキを出していた。この料理について『ニューヨーク・タイムズ』紙は、「潰して挽き肉にしてから全体をひとつの丸い塊に成形することで肉本来の硬さを克服したビーフステーキにすぎない。確かに食欲を強くそそられるが、良心に従うなら、この一品は本物の料理には劣ると言わざるをえない。なお、この店にはそうした本物の料理もあり、十分に満足のいくやわらかさを堪能することができる」と記している。ハンバーグ・ステーキは、ポーターハウス・ステーキやサーロイン・ステーキといった高級ステーキには使えない部位の牛肉を挽き肉にすることで作られる、安価な料理だったのである。
「ハンバーグ・ステーキ」という名前を聞いてもアメリカの平均的な消費者は違和感を抱かなかっただろう。当時すでにアメリカでは、フランクフルター・ソーセージ（語源はフランクフルトから）、ウィンナー・ソーセージ（ウィーンから）、ハンバーグ・ソーセージ（ハンブルクから）など、ヨーロッパの都市名から名前を取った料理が広く出回っていた。それに「ハンバーグ・ステーキ」という音の響きは、「牛挽き肉」よりもはるかにエレガントだった。

この名前のおかげで、細かく切った高級牛肉を意味する言葉に外国由来という魅力が加わった。しかも、値段がわずか8～10セントだった。レストランの店主の立場から言えば、この料理は、ソーセージかスープ・ストックを作るのにしか使えないくず肉を材料としていた。すでに1870年代には商用の肉挽き器が出回っていたので、ハンバーグ・ステーキはコストをかけず簡単に作ることができ、きちんと味つけさえすれば十分においしい料理であった。

このままだとハンバーグ・ステーキはドイツ系の安食堂で出る一品のままだったかもしれないが、それを変えたのが1876年に開催されたフィラデルフィア万国博覧会だった。6か月にわたった万博の会期中、1000万人以上が会場を訪れて展示を見学し、場内のレストランで食事をした。そうしたレストランのひとつに、フィラデルフィアに住むフィリップ・J・ラウバーが出資するドイツ料理レストランがあった。ラウバーは、6000ドルという大金を払って会場にドイツ料理レストランを建てる権利を買うと、5万6000ドルという天文学的資金を投じて、テントを張った広い中庭のある2階建てのレストランを建設した。店の売りはドイツ人の楽団とドイツ料理とドイツ産のビールとワインだった。建物は一度に1200名の客を収容することができ、サービスはテキパキとしていた。店は博覧会が終わる前に焼失してしまったが、それでも博覧会で最も繁盛したレストランだと認められた。毎日何千人もの客がラウバーの店で食事をした。『ニューヨーク・トリビューン』紙の当時の記事によると、とりわけ人気だった料理のひとつが、ハンバーグ・ステーキだった。

フィラデルフィア万博をきっかけにハンバーグ・ステーキは全米に広まった。1880年代までには、ドイツ系以外のレストランのメニューに現れるようになり、料理本にはレシピが掲載された。新聞各紙は作り方を紹介するなど、この新たな絶品料理についての記事を載せた。例えば1887年に『シカゴ・トリビューン』紙は、ハンバーグ・ステーキは「赤身の牛肉を刻み、タマネギまたはニンニクといっしょに焼いて作る」と書いている。ノースダコタ州では地元紙『ビスマーク・トリビューン』が、この新たな料理をドイツ系の肉屋店主が調理しており、そのレシピはニューヨークから伝わったものだと報じた。1889年に、イギリス生まれでシカゴ在住のレストラン経営者・文筆家ジェサップ・ホワイトヘッドは、ハンバーグ・ステーキは「ビーフ・ソーセージ用の肉にタマネギのみじん切りと少々のニンニクを加えたものを、丸くて平たい塊に成形し、バターを敷いたフライパンで焼いて作り、プレーン・ステーキとして朝食に出すか、各種ソースを添えてディナーのメインとして出す」と書いている。

ハンバーグ・ステーキのパティを食卓に出すときは、いっしょにタマネギ、グレービーソース、マッシュポテトまたはフライドポテト、野菜などを添えることが多かった。１９００年までにはアメリカの大半のレストランで普通に見かける料理になっていたが、依然として皿に載せて出され、ナイフとフォークで食べられていた。

●ハンバーガー・サンドイッチの誕生

ハンバーグ・ステーキが皿の上から飛び出してサンドイッチの具になるのは、現代人の目から見れば当然と思える簡単な一歩だ。しかし実際には、サンドイッチがハンバーグ・ステーキと出会うには20年ほどを要した。ハンバーガー・サンドイッチが考案されるきっかけとなったのは、アメリカの工業化だった。19世紀後半、アメリカではニューイングランド地方、中部大西洋沿岸地域、および中西部を中心に多くの大都市周辺で工場が次々と建てられた。多くの労働者は、新たに建設された工場から少し離れた場所に住んでおり、昔なら仕事の途中で昼食や夕食を取りに自宅へ帰ることができたが、それが今では不可能になっていた。労働者が職場に弁当を持参することが多かったが、労働者向けに新たな飲食提供サービスも生まれた。例えば一部の大工場では社員食堂が設置された。

日中であれば、労働者は仕事への行き帰りの途中で食料品店か屋台に寄ることができた。しかし、工業化の進展とともに多くの工場が夜間操業を開始した。食料品店、カフェテリア、レストランのほぼすべてが夕方に店じまいするため、夜勤労働者の食事確保は大きな問題だった。食事処がないのは、たまたま夜に外出することになった人にとっても悩みの種だった。ロードアイランド州プロヴィデンスのウォルター・スコットは、賢明にもこれをチャンスと考えた。１８７２年、彼は手押し屋台を作って、これにサンドイッチ、ゆで卵、バターを塗ったパン、パイ、コーヒーをたくさん積んだ（この屋台は後に改造され、有名な「パイオニア・ランチワゴン」になった）。毎晩8時ごろ、彼は地元で夜を徹して稼働している新聞印刷工場の前に屋台を駐めると、中で座って客が来るのを待った。やがて工場の従業員たちが出てきて屋台に近づき、側面の窓越しに食べ物を注文して受け取ると、近くで立ったまま食べたり、そのままどこかへ持っていったりした。

同じくプロヴィデンスに住む実業家ルーエル・B・ジョーンズは、スコットの成功を目にすると、屋台をもっと大きくすれば食べ物をもっとたくさん売れるし、当然もっと金を稼ぐことができるはずだと考えた。大きくした屋台は繁盛し、ジョーンズは１８８７年までに屋台を何台か確保すると、近くに客になりそうな人がいる場所を選んで市内数か所に屋台を出した。ほかの実業家たちもこの成功を見て、プロヴィデンスだけでなく他の都市でも同様の商売を始めた。マサチューセッツ州ウスターでは、ルーエルの甥《おい》であるサム・ジョーンズが、本格的なキッチンを備えた「ランチワゴン」を製造した。これがセンセーションを巻き起こし、すぐさまランチワゴンの製造ブームが始まった。これらの屋台は「ファンシー・ナイト・カフェ」「ナイト・ランチワゴン」「アウル・ランチワゴン」（「アウル（owl）」は「フクロウ」転じて「夜勤の人」の意）など、さまざまな名前で呼ばれた。

それまでのものとは違い、新たなランチワゴンはガス・グリルを備えていたので温かい料理を出すことができた。屋台で売られる食べ物で人気だったものに、アメリカでは「フランクフルター」とか「ウィンナー」とも呼ばれていたソーセージがあった。ソーセージは皿とカトラリーがないと立ったまま食べるのが難しいので、バンズ（小型の丸パンまたはロールパン）に挟んで出すのは理にかなっていた。１８７０年代には、フランクフルター専用のバンズが製造された。バンズに挟んだソーセージは、博覧会、遊園地、スポーツ・イベントなど人が大勢集まる場所でよく売れた。作るのが簡単で、値段は安く、食べやすかったからだ。ただ、ソーセージの中身については何度も疑問を投げかけられ、中には「安いウィンナーは犬の肉で作られている」という噂さえあった。そのためイェール大学の学生たちがナイトワゴンを「ドッグワゴン」と呼び始め、1890年代には「ホットドッグ」という呼び方が登場した。

もうひとつ、ランチワゴンで売られていた商品にハンバーグ・ステーキがあった。ソーセージと同じくハンバーグ・ステーキも挽き肉でできていたが、ソーセージとは違って新鮮な生肉から作られ、客に出す前に火を通す必要があった。ランチワゴンがグリルで食べ物に火を通し始めたとき、メニューにハンバーグ・ステーキを加えたのは当然の選択だった。多くの客が買った商品を立ったまま食べていたので、牛肉のパティをバンズに挟むのは、やはり理にかなっていた。ランチワゴンの店主のうち誰が最初にハンバーグ・ステーキを2枚のパンに挟んで売り始めたのかは分かっていないが、1890年代にはすでにアメリカ人の食事の定番になっていた。「ハンバーガー・ステーキ・サンドイッチ」の記事は、アメリカ各地の新聞に見られる。ネヴァダ州リノでは、地元紙『リノ・イヴニング・ガゼット』が1893年に、「トム・フレーカーの有名なハンバーガー・ステーキ・サンドイッチは、いつでもすぐ手に入って空腹を満たし、悪魔その人にさえ活力を与えることができる」という

小さなハンバーガー・ショップにも、たいていは上の写真のようなボックス席があった。テキサス州アルパイン、1939年。

記事を載せた。シカゴでは、『シカゴ・トリビューン』の記事が、「飛び抜けて人気の商品は、わずか5セントのハンバーガー・ステーキ・サンドイッチで、肉はあらかじめ小さなパティの状態で用意されており、客が待っているあいだにガソリン・レンジで焼いてくれる」と報じた。ロサンゼルスでは、ハンバーガーは「刻んだ肉とタマネギを具材にしたサンドイッチ」と説明された。ハワイでもハンバーガーは、アメリカに併合される前から食べられていた。

ハンバーガーは、人気が高まるとランチワゴンで1日に400個も売れるようになった。イリノイ州ディケーターでは地元の新聞が、ハンバーガーの屋台が「多数」出ていて、深夜には屋台の店主が「町で一番忙しい人物」になると報じた。記事は続けて、ディケーターでは1902年に1日平均2万5000個のハンバーガーが売れたと推計している。レストランもハンバーガー・サンドイッチを出し始め、1910年代には主流の料理本にレシピが掲載されて、1920年代から1930年代にかけて世の中に広まった。

初期のレシピを見ると、当時はハンバーガーの作り方が千差万別だったことがよく分かる。例えば、エヴァ・グリーン・フラー著『最新サンドイッチ・ブック *The Up-to-date Sandwich Book*』(1927年)に掲載された「ハンバーガー・ステーキ・サンドイッチ」のレシピには、牛肉のパティは現れず、バターで焼いた挽き肉のハンバーガー・ステーキしか出てこない(192ページ参照)。サンドイッチ本を3冊出したフローレンス・A・コールズは、1929年の自著に「ハンバーグ」サンドイッチのレシピを6種類載せている。これらのレシピの多くでは、牛挽き肉はパティ状に成形するのではなく、バターを塗ったパンに広げることになっていた。なお、この本がイギリスで出版されたとき、ハンバーガー・サンドイッチのレシピはすべて編集部によって削除された。

20世紀初頭には、「ハンバーガー・サンドイッチ」という語は短縮されて「ハンバーガー」または単に「バーガー」と呼ばれるようになった。1920年代には、シンクレア・ルイスの『アロウスミスの生涯』や『自由な空気 *Free Air*』など、アメリカの文学作品にもハンバー

エプロンを着た女性がキッチンでハンバーガーを作っているところ。ウィスコンシン州ミルウォーキー、1950 年。

ガーは登場し始めた。さらに、そのころになるとハンバーガーは学校のカフェテリアでも出るようになり、「健康によい優れた食べ物であり、栄養豊富で満腹感もあるが胃もたれがしない食べ物」だとして推奨された。それに何より、ハンバーガーは子供たちに好まれた。

ハンバーガーは、アメリカ人の家庭での主食にもなった。フライパンやグリル付きオーブンで簡単に作ることができたからだ。さらにハンバーガーは、肉を焼く屋外用バーベキュー・コンロとともに、ピクニックに欠かせないものとなった。家庭用バーベキュー・グリルが流行すると、ハンバーガーは夏の食べ物の定番になった。特に、アメリカの祝日である戦没者追悼記念日（5月の最終月曜日）、独立記念日（7月4日）、レイバー・デー（9月の第1月曜日）といえばハンバーガーだと誰もが連想するほどだった。

◉ハンバーガーをめぐる問題点

ハンバーガーの栄光への道は常に順調というわけではなかった。屋台商は牛肉を焼きすぎることが多く、その結果、ハンバーガーはパサパサで味のないものになった。「牛挽き肉」の中身に牛肉以外の材料をたくさん混ぜている証拠も次々と発覚した。悪徳業者は、自分たちの悪事が気づかれるはずはないと考え、臓物など牛肉以外の材料や、小麦粉やオートミールなどのかさ増し食材を加え、さらに、報告を信じるなら、犬や猫やネズミの肉を刻んで混ぜ込んでいた。牛挽き肉を長持ちさせたり見た目をよくしたりするため、ホウ砂（ホウ酸ナトリウムの結晶）など有害な化学物質を添加することも多かった。ハンバーガーを食べたのが原因で食中毒になったという訴えや報告が、新聞や雑誌で何度も報道された。ハンバーガー店主が客を食中毒にしたとして裁判に訴えられることもしばしばで、ハンバーガーは悪評にさらされた。

ハンバーガーが１９２０年代にアメリカ人の生活に欠かせないものとなってからも、混ぜ物のない純正食品を支持する人々はハンバーガーをたびたび非難した。例えば、『1億匹のモルモット：ありふれた食品・薬品・化粧品に潜む危険 *100,000,000 Guinea Pigs: Dangers in Everyday Foods, Drugs, and Cosmetics*』（１９３２年）の著者アーサー・ケーレットとF・J・シュリンクは、次のように主張した。「ハンバーガーを常食にすることは、安全面から言えば、殺虫剤であるヒ素を散布している果樹園の中を歩くようなものであり、また、炎天下に放置されたゴミ箱から肉を取り出して食べるようなものである。なぜなら、ゴミ箱こそが、ほとんどの肉屋が売る刻み肉が行くべき場所であり、サンドイッチの具材になる全ハンバーガーの大部分が行くべき場所であることに、何ら疑いの余地がないからである」。

加えて、屋台商は次々と降りかかる困難に悩まされた。20世紀に自動車がアメリカの道路という道路を埋め尽くし始めると、多くの都市は渋滞を防ぐため屋台の出店を許可制にする条例を制定した。その結果、屋台商の多くは路上から屋内へ移ることを余儀なくされ、中心市街地に住むアメリカ人に食事を提供する新たな形態として、カフェ、カフェテリア、コーヒーショップ、軽食堂、ダイナー、ロードサイド・レストラン、ドライブインなど、さまざまな店舗が発達した。そして、それらのすべてでハンバーガーが普通に売られることになった。

第2章◉ハンバーガー・チェーンの登場

この状況が続けばハンバーガー・サンドイッチは評判の悪い低級な食べ物のままだったかもしれないが、それを変えたのは、カンザス州ウィチタにある軽食堂のコック、J・ウォルター（「ウォルト」）・アンダーソンだった。1916年、アンダーソンはそれまで貯めていた資金を使って、かつて靴修理店だった建物を購入し、ハンバーガー・ショップに改装した。多くのハンバーガー店主に倣《なら》って、彼もバーガーを1個5セントで売った。コストを抑えるためパティを1辺3センチの薄い正方形にし、そうすることで調理時間も短縮できた。さらに、ハンバーガーのマイナス・イメージを払拭するため、アンダーソンは牛肉の配送回数を1日2回かそれ以上になるよう手配し、店で使う牛肉は自分の手で挽き肉にして、その様子を客が窓ガラス越しに見られるようにした。こうした方法は大成功を収め、彼はハンバーガー・ショップをさらに3店オープンさせて、全店でテイクアウト・サービスを実施した。

ホワイトキャッスル。ホワイトキャッスルの初期のハンバーガー・ショップは、現在のファストフード店に比べて小さかった。

1920年に地元紙『ウィチタ・イーグル』は、アンダーソンを「ハンバーガー王」と呼んで称賛した。

ウォルト・アンダーソンは事業をさらに拡大させたいと思っていたが、それには元手が足りなかった。そんな折、彼はウィチタの不動産業者・保険業者だったエドガー・ウォルドー(「ビリー」)・イングラムと出会った。当時イングラムは資金を豊富に持っており、投資先を探していた。1921年、ふたりは共同で会社を設立した。初めからイングラムは、アンダーソンのやり方には改善の余地がたくさんあると思っていた。アンダーソンとイングラムは社名を「ホワイトキャッスル」とし、店舗の新たな外観として、塔をいくつも備えた西洋風の城《キャッスル》のようなデザインを採用した。このデザインは、1871年のシカゴ大火で焼失を免れた数少ない建造物のひとつシカゴ・ウォーター・タワーを模したもので、そこには、当時アメリカ全土に点在していたハンバーガー屋台のイメージとは無縁の永続性、つまり「店がいつまでも続いてほしい」という願いが込められていた。新たなデザインのメインカラーは白《ホワイト》で、これには純正さと清潔さを象徴する意図があった。

ホワイトキャッスルで出していたのは、当初はハンバーガーと、ソフトドリンク、コーヒー、それとパイだけだったが、年とともにメニューは増えた。従業員は、制服を着用して高い清潔度を守ることが義務づけられた。牛肉は地元の肉屋から調達し、各店舗で挽き肉に

ミルクといっしょにハンバーガーを食べる女の子。1930 年代。

した。事業規模が大きくなると、ホワイトキャッスルはすべての店舗で同じ品質の商品を生産できるよう、自前の食肉処理施設と紙製品製造工場とバンズ製造工場を建てた。

この新方針は成功し、1924年までにホワイトキャッスルはオマハ、カンザスシティ、セントルイスの各都市に出店した。1925年には、ハンバーガーを8万4000個以上販売した。イングラムは、アンダーソンの持っていた共同経営権を買い取ると事業拡大を推進し、市街地のバス停近くや路面電車の停留所近く、あるいは大工場に近い場所を中心に出店を続けた。ホワイトキャッスルが地理的に広い地域で営業するようになると、広範囲で宣伝することができ、そのおかげで複数の店舗で売上が伸びた。ホワイトキャッスルは、「袋いっぱいに買おう（Buy 'em by the sack）」というキャッチコピーを使って、新聞とラジオで広告を打った。

イングラムの経営戦略は、彼の命名で「ホワイトキャッスル・システム」と呼ばれ、構成要素として、効率と経済性（5セントのハンバーガー、品数を絞ったメニュー、大量販売）、調理プロセスの標準化と簡素化、大量交通機関の乗降所近くの目立つ立地、統一された特徴的な店舗デザイン、積極的な出店、消費者の喜びに通じる快適な環境などが含まれていた。このシステムが正しく実施されているかを確認するため、イングラムは多くの店舗を頻繁に視察した。長距離移動の時間を節約するため中古の複葉機を入手し、自ら操縦してホワイト

ホワイトキャッスルの創業者ウォルト・アンダーソンとエドガー・ウォルドー（「ビリー」）・イングラムは、複葉機を使って自社のファストフード・チェーンを視察していた。

キャッスルの店を回った。

ホワイトキャッスル・システムは結果を出した。1931年の時点で同社の店舗数は131店で、この数は当時のどのファストフード・チェーンよりも圧倒的に多かった。大恐慌が起こると会社は事業再編に着手し、不採算店舗を閉鎖したり、有望な未進出地域に新規出店したりした。ホワイトキャッスル・バーガーは依然として値段が安かったので、店での食事は多くのアメリカ人が無理なく楽しめる、ちょっとしたぜいたくになった。会社は業務効率化のため、製造・販売するハンバーガーの数をどんどん増やそうとした。その一環として新聞広告に割引クーポンを付けた。また、新商品の試験販売も実施した。試験販売された新商品のひとつにミルクシェイク（ミルクセーキ）があったが、経営陣は、ミルクシェイクは作るのに時間がかかりすぎるし、製造機は故障しやすく修理が難しいと判断した。さらに経営陣は、ミルクシェイクを飲むと客は会社の主力商品であるハンバーガーを食べたくなくなると考え、ミルクシェイクをメニューから外した。

1935年の時点でホワイトキャッスルはハンバーガーを毎年4000万個販売しており、この数字は、どんな基準に照らしてみても――とりわけ、当時は大恐慌が最も深刻な時期だったことを考えれば――驚異的な大成功であった。

◉模倣企業とライバル企業

　ホワイトキャッスルの成功に触発されて、ほかにもハンバーガー・チェーンが次々と生まれたが、その多くは、例えば「ホワイトマナ」「ホワイトタヴァーン」「リトルキャッスル」「ホワイトクロック」「ホワイトパレス」「ホワイトハット」など、似たようなチェーン名を名乗った。そうした模倣企業で最も大きな成功を収めたのは、ジョン・E・サックスと息子トマス・E・サックス、および共同出資者ダニエル・J・オコネルが立ち上げた「ホワイトタワー」だった。この3人は、ホワイトキャッスルを訪問した後、1926年にミルウォーキーのマーケット大学近くに1号店をオープンさせた。ホワイトタワーは自社の店舗を、ホワイトキャッスルと同様、多くの工場労働者が通勤と帰宅で利用する地下鉄・路面電車・バスの乗降所の近くに配置した。主力商品は5セントのハンバーガーで、ホワイトキャッスルとほぼ同じ品物だったが、そのほかにハム・サンドイッチ、ドーナツ、パイ、各種飲料も販売した。

　ホワイトタワーの店舗は外観がホワイトキャッスルの店舗とそっくりで、ホワイトタワーのキャッチコピー「袋にいっぱい買って帰ろう（Take home a bagful）」は、ホワイトキャッスルのキャッチコピー「袋いっぱいに買おう」のあからさまな模倣だった。ホワイトタワー

ホワイトマナ。ホワイトキャッスルの驚異的な成功を受け、ニュージャージー州ハッケンサックのホワイトマナなど、さまざまな模倣企業がアメリカ各地に登場した。模倣企業は、よく似た社名を名乗り、よく似た商品を販売した。

の店舗は、ホワイトキャッスルを真似て、店の純正さと清潔さを客にアピールするため白く塗られていた。しかしホワイトキャッスルとは違って、ホワイトタワーは事業をフランチャイズ展開し、フランチャイズ契約者には指定されたタイプの建物を建設することと、決められたメニューを守ることが義務づけられた。これが成功への道となり、同チェーンは中西部で着実に勢力を伸ばした。１９２０年代末には、ホワイトタワーはアメリカで最大のハンバーガー・チェーンになっていた。

ホワイトキャッスルは１９２９年にホワイトタワーに対して訴訟を起こし、裁判所はホワイトキャッスルの訴

ハンバーガー・ショップのホワイトタワーは、ニューヨーク州アムステルダムで人気の店だった。1941 年。

えを認めた。判決でホワイトタワーは、社名を変更することと、店舗の外観とキャッチコピーからホワイトキャッスルとの類似点をすべて除去することを命じられた。ホワイトタワーは、ホワイトキャッスルに多額の金銭を支払うことで何とか社名を維持したが、ダメージから完全に回復することはできなかった。

ほかにもさまざまなファストフード・チェーンが、ホワイトキャッスルやホワイトタワーと同じ時期に成長した。1919年、ロイ・アレンは、後に「A&Wレストラン」しなるルートビア・ショップをカリフォルニア州ローダイで開業した（ルートビアとは、各種ハーブを原材料とする甘い

ホワイトタワーは、ホワイトキャッスルの社名と店舗の外観と商品も参考にした。1929年、ホワイトキャッスルはホワイトタワーを商標権侵害で裁判に訴え、勝訴した。

炭酸飲料のこと）。Ａ＆Ｗは事業をフランチャイズ展開し、フランチャイズ契約者には少額のライセンス料を支払うことと、Ａ＆Ｗのロゴを掲示すること、およびＡ＆Ｗからルートビアの原液を購入することを義務づけた。こうした結びつきを除けば、フランチャイズ店どうしに共通点はほとんどなく、店舗の外観もメニューも統一されていなかった。ただ、ほとんどのフランチャイズ店ではルートビアとともにハンバーガーも売っていた。またホワイトキャッスルとは異なり、Ａ＆Ｗは労働者の住む地区ではなく小都市を主なターゲットにしていた。

ホワイトタワーの店内。ニューヨーク州アムステルダム、1941 年。

「ウィンピー・グリルズ」も、この時期に成長したチェーンだ。このチェーンは、1934年にエドワード・ヴェール・ゴールドがインディアナ州ブルーミントンで開業したもので、その名は、漫画家エルジー・クライスラー・シーガーが自作『ポパイ』の登場人物として1931年に生み出したキャラクター、J・ウェリントン・ウィンピーに由来している。漫画の中のウィンピーは、いつも金がなくてハンバーガーが買えず、そのため他人をだましてハンバーガーをおごらせようとする。彼が口癖のように言う「火曜日にはきっと

ホワイトキャッスル・ハンバーガーの広告。

1980年の映画『ポパイ』でJ・ウェリントン・ウィンピーを演じるポール・ドゥーリー。

J・ウェリントン・ウィンピーは、漫画家エルジー・クライスラー・シーガーが自作『ポパイ』の登場人物として1931年に生み出したキャラクターだ。

返すからハンバーガーおごってくれよ」というセリフは、今もアメリカ人にはよく知られた言い回しだ。ウィンピー・グリルズは、サンドイッチと特大サイズのハンバーガーを売っていた（特大バーガーは袋いっぱいには買えない。1個だけで満腹になるからだ）。1939年には、「ウィンピーバーガー」という言葉は特大ハンバーガーと同義語になっていた。

さらに別のハンバーガー・チェーンが1936年ボブ・ワイアンによって立ち上げられた。彼は、カリフォルニア州グレンデールにスツール10席だけのダイナー「ボブズ・パントリー」を開いた。店は繁盛し、ワイアンは店舗を広げてコーヒーショップ兼ドライブインに改装した。当時、ホワイト

ルイジアナ州クラウリーで1938年に開催された全米ライス・フェスティバルの売店でのハンバーガー調理風景。

キャッスルのハンバーガーは、パティ1枚の小さなサンドイッチだった。それに対してワイアンは、世間の注目を集めるため、ゴマ付きバンズを横に3等分し、それぞれのあいだにビーフ・パティを1枚ずつ、計2枚挟んだダブルデッカー・ハンバーガーを作った。この新商品は、当初は「ファットボーイ」という名称だったが、後に「ビッグボーイ」と名前を変えた。1937年、ワイアンは店名を「ボブズ・ビッグボーイ」と改めた。店のマスコット・キャラクターは、赤白のチェック柄のオーバーオールを着た、ぽっちゃりとした男の子で、胸には「ビッグボーイ（Big Boy）」の文字が記されている。そして片手で大きなダブルデッカー・ハンバーガーを掲げていた。会社は、このマスコットの高さ

ハンバーガー・ショップの中には、写真のように店舗面積が小さな部屋と大差ないものもあった。テキサス州デューマス、1939 年。

3・7メートルの人形を作り、全チェーン店の店頭に設置した。レストランの主力商品は「コンボ」、つまり、ビッグボーイバーガーとフライドポテトとミニサラダのセットだった。

ワイアンが事業を拡大するときは、たいてい新店舗として、屋内に座席を備え、ドライブイン・サービスもあるコーヒーショップが作られた。レストランのフランチャイズ展開も進められた。フルサービスのビッグボーイ・レストランを開業する費用は25万ドルで、これは1940年代と50年代には相当な金額だった。契約内容でひとつ珍しかったのは、フランチャイズ契約者が店名に「ボブの」を意味する「ボブズ」の代わりに自分の名前を入れることができた点だ。そのため、中西部にはフリッシュ・カンパニーがオープンさせた「フリッシュズ・ビッグボーイ」があり、インディアナ州には「アザーズ・ビッグボーイ」があった（アザー兄弟が1953年に始めたアザーズ・ビッグボーイは、2020年6月に最後の店舗がコロナ禍により廃業して姿を消した）。ワイアンの元には「ビッグボーイ」のロゴ使用とダブルデッカー・ハンバーガー販売を認めたのと引き換えにロイヤリティー（総売上高の2パーセント）が流れ込んだが、各店舗とは契約関係にあるだけで、一体性のある事業ではなかった。

1930年代には、アメリカの中規模都市のほぼすべてにドライブイン、ロードサイド・レストラン、ダイナー、コーヒーショップなどがあり、そのすべてでハンバーガーが出されていた。ハンバーガーは、もはや一時的に流行した食べ物ではなく、国中どこへ行っても食

スタンズ・ドライブイン。カリフォルニア州ロサンゼルス。

べられる定番料理になっていた。ホワイトキャッスル、ホワイトタワー、A＆Wといったハンバーガー・チェーンが全国各地に展開された。また、テネシー州チャタヌーガではR・B・ダヴェンポートが創業したハンバーガー・チェーン「クリスタル」が正方形の小さなバーガーを売っていたし、マイアミには「ロイヤル・キャッスル」、シンシナティには「トドル・ハウス」、インディアナ州には「スナッピー・サーヴィス」と、各地に独自のハンバーガー・チェーンがあった。カリフォルニア州ではスタン・バークが、ベーカーズフィールド、フレズノ、サクラメント、およびロサンゼルスに「スタンズ・ドライブイン・コーヒーショップ」をオープンさせた。ちなみに、多くの人が我こそはチーズバーガーの考案者だと主張したが、バークもそうしたひとりであった。

◉第二次世界大戦中と戦後期

順調に成長してきた各ハンバーガー・チェーンも、第二次世界大戦中は労働力不足と食肉不足で深刻な問題に直面した。食肉が不足したのは、戦争中に食肉が配給制となったからだ。砂糖も配給制となったし、炭酸水も不足していた。ハンバーガー・チェーン各社は、売れる可能性のある新商品を探し求めた。そのひとつが、目玉焼きを使ったフライドエッグ・サンドイッチだ。これは、金属製のリングを使って目玉焼きを作り、それをハンバーガーのバンズに載せた料理で、言ってみれば現在のマクドナルドのエッグマックマフィンのようなものだった。また、戦争中はポテトつまりジャガイモがメニューの品として重要度を増した。ジャガイモは安価で、豊富に出回っていて、配給の対象になっていなかったからだ。それまでフライドポテトは、調理装置の操作が難しく、揚げ物用のフライヤーに入った高温の油を扱うのにも安全上の問題があったため、どのハンバーガー店でも商品として重視されてこなかった。しかし、フライドポテトは戦争中に人気商品となり、その後も懐かしい食べ物として人々の記憶に残った。

フライドポテトは戦後も売られ続けたが、先にも述べたとおり、高温の油が入ったフライヤーは扱うのが危険だったし、揚げ上がりのタイミングを判断するのも難しかったため、多くの店では販売が中止された。1950年代に入ると、技術の進歩により安全で誰が扱っても失敗がほとんどないフライヤーが開発され、フライドポテトはハンバーガー・チェーンのメニューに戻った。ミルクシェイク製造機も1950年代に改良され、ホワイトキャッスルはミルクシェイクをメニューに戻した。1958年にホワイトキャッスルは、人気上昇中のボブズ・ビッグボーイに対抗するため「キングサイズ」ハンバーガーを試験販売したが、客たちは同社が「スライダー」の商品名で昔から売っていたミニサイズのハンバーガー

1930年代と40年代、ハンバーガー・ショップは若者のたまり場だった。写真は、1942年にカリフォルニア州インペリアル郡で開催された農産物品評会のハンバーガー・ショップ。

の方を支持した。

戦後、市街地のハンバーガー・チェーンは新たな問題に直面した。まず、1940年代後半から1950年代前半にかけてアメリカで自家用車の普及台数が急増すると、それとともに、自動車でハンバーガーを食べに行きたいと考えるアメリカ人が増えた。しかし、都市中心部にあるハンバーガー店は、ほとんどに駐車場がなく、そうした変化の恩恵を受けることができなかった。加えて、自動車の普及が進んだことで中間層の人々は都市を出て郊外に移り住むことができるようになったが、そうした郊外に既存のハンバーガー・チェーンはなかった。もう

1943 年にワシントン DC のウッドロー・ウィルソン高校で開催された軍事教練生向けダンスパーティーに参加したあと、軽食堂「ホット・ショップ」でデートするカップル。彼女はハンバーガーとミルクを、彼氏はハンバーガーとコカ・コーラをオーダーした。

ひとつ、市街地のハンバーガー・ショップを悩ませていた問題が犯罪で、戦後、都市中心部は犯罪の被害をますます受けるようになっていた。ハンバーガー・ショップの多くは労働者に食事を出すため24時間営業をしていたが、そのせいで店は、来店する客ともども、深夜犯罪のターゲットになった。また、都市中心部にある店舗の多くは、ホームレスたちが身を寄せる場所になった。ホームレスたちは、店の飲食スペースを寝床にし、トイレで服や体を洗うなどして、いくつものハンバーガー・チェーンが何よりも大切なものとして守ろうとしてきた「清潔」というイメージを傷つけた。さらに、

ホワイトキャッスルの店内。

人種間暴動が都市中心部で発生し、多くの白人が郊外へ流出した。こうした社会変化の結果、都市中心部にあったホワイトキャッスルやホワイトタワーなど既存のハンバーガー・チェーンは徐々に勢いを失っていった。

戦後期には、新たなチェーンがいくつも誕生した。例えば1946年、トミー・クーラックスはチリバーガーを専門とする店「トミーズ」をロサンゼルスで立ち上げた。1948年には、ハリーとエスターのスナイダー夫妻がカリフォルニア州ボールドウィンパークで「インアンドアウトバーガー」を開店させた。開業当初から同店は、双方向通話システムを完備したドライブスルー店だった。他のファストフード業者とは異なり、スナイダー夫妻は事業をフランチャイズ展開しないことにした。そのため事業拡大のペースは他社よりはるかに遅く、2号店が開店するのは1951年のことだった。1950年には「ワタバーガー」がテキサス州コーパスクリスティで設立された。1953年にフロリダ州ジャクソンヴィルのキース・G・クレーマーとマシュー・バーンズがオープンさせたハンバーガー・ショップは、後に「バーガーキング」になった。カリフォルニア州サンディエゴでは、ロバート・O・ピーターソンが1950年に「ジャック・イン・ザ・ボックス」を開業した。デイヴ・トーマスは、1969年にオハイオ州コロンバスで「ウェンディーズ」の最初の店をオープンさせた。しかし、戦後に群を抜いて大きな存在となったハンバーガー・チェーンは、「マクドナルド」であった。

第3章 ◉ マクドナルド方式

アメリカの郊外住宅地は、大部分が戦後に誕生したものだ。経済的に豊かになり、自動車の普及率も増えたことで、幼い子供を持つ中間層の家族の多くは、さまざまな問題を抱える都市中心部を出て、離れた場所に自宅を買えるようになった。郊外生活が広まると、家族層のニーズに応える新たなビジネスモデルが登場した。

郊外の家族に食事を提供するモデルのひとつを開発したのが、リチャードとモーリスのマクドナルド兄弟だった。ニューハンプシャー州に生まれた兄弟は、1930年ロサンゼルスに移り、小さな映画館を買い取った。しかし映画館はあまりもうからなかったので、1937年、ふたりは生活費を稼ぐため、ロサンゼルス郊外のアーケーディアにあるサンタアニタ競馬場の近くに、オレンジジュースとホットドッグを売る店を開いた。ところが予想に反してホットドッグとオレンジジュースは売れず、そこで兄弟はバーベキュー料理とハンバーガーを出し始めた。それでも店の売上は満足のいくものとならず、1940年、兄弟はロサンゼルスの東約100キロにある都市サンバーナーディーノに移り、「マクドナルド・ブラザーズ・バーガー・バー・ドライブイン」を開いた。ふたりは、「カーホップ」（ドライブインの接客係）として女性を20名雇い、彼女たちが客から注文を取り、料理を運び、代金を受け取った。兄弟は、売上の80パーセントがハンバーガーであることに気づき、バーベキューを、そもそも調理にかかる時間が長すぎることもあって、メニューから外した。第二次世界大戦後には、従業員をめぐる問題に悩まされた。世の中は好景気が続き、軍隊から戻ってきた男性たちは復員兵援護法を利用して大学に進学していた。国中で労働力が不足し、そのためマクドナルド兄弟は、酒浸りの男をシェフや皿洗い係に雇ったり、バーガーを売るよりもおしゃべりに興味がありそうな女性をカーホップとして雇ったりするしかなかった。

マクドナルド兄弟は、自分たちがターゲットとすべきは家族層だと判断し、店内の環境を、郊外の住人たちが来店しやすく、若者グループが来にくいものにしようとした。そもそも若者たちは商品をたいして買わないくせに、皿やトレイやカトラリーを壊したり盗んだりすることが多かった。備品は紙製品やプラスチック製品に変更されて、壊れやすい皿やグラスやカップは用済みとなり、かわいいカーホップの女の子たちもお役御免となった。

兄弟は経営の引き締めを決断し、経費を削減して利益を増やすため効率アップに着手した。

1930年代のハンバーガー・ショップは、上の写真のように狭くて座席も数えるほどしかなかった。テキサス州アルパイン、1939年。

取り組みの核となったのはヘンリー・フォードが普及させた工場での組み立てライン方式で、すでに飲食業界では、フォード方式は改良されてカフェテリアや列車の食堂車、レストラン・チェーン「ハワード・ジョンソン」などで採用されていた。この方式では、まず仕事全体が最低限のトレーニングを受ければ実行できる単純なタスクに分割された。これによって従業員は基本的に交代可能となり、あるタスクから別のタスクへと簡単に移動することができた。この組み立てライン方式のおかげで、質の安定した食事を低価格で素早く客に提供できるようになった。その代わりにマクドナルド兄弟は客たちに、列を作って、自分で自分の食事を受け取り、素早く食べたら、自分が出したゴミを自分で捨て、すぐに店を出て次の客のためスペースを空けてほしいと求めた。

　これらのアイデアを実現させるため兄弟は店をリフォームし、以前より大きなグリルと「マルチミキサー」を設置した。マルチミキサーとは、同時に複数のミルクシェイクを金属容器の中で作る装置だ。ミルクシェイクができたら、金属容器の中身を紙コップに注いで客に出す。この作業をスピードアップさせるため、兄弟は攪拌《かくはん》アームを短くしてミルクシェイクを紙コップの中で直接作れるようにし、そうすることで「注ぐ」という手順を省いた。また、あらかじめシェイクを80個以上作り置きして冷蔵ケースで保管しておくことで、注文に応じる作業をスピードアップさせた。

　この方式は、10代の少年の労働力を基礎とする軍隊式生産システムを生み出した。このシステムでは、少年たちは単純で簡単に覚えられるタスクを任され、ある者はハンバーガーを焼き、ある者はハンバーガーを包装し、ある者はソフトドリンクやシェイクを注ぎ、ある者は注文の品を紙袋に入れる。新方式により屋内の座席は撤去され、メニューは、15セントのハンバーガーと19セントのチーズバーガー以外は、コストの低い数品に絞られた。ハンバーガーのパティは45グラムしかなく、すべてのハンバーガーにはケチャップ、刻んだタマネギ、ピクルス2枚という同じ薬味が載せられた。ハンバーガー以外の商品は、10セントのフライドポテト、20セントのシェイク、およびLサイズとSサイズの炭酸飲料だった。この新しい

カリフォルニア州サンバーナーディーノにあったマクドナルド1号店は、当初は八角形の建物だった。その後1954年に、リチャード・J・マクドナルドと兄のモーリスは、正面がガラス張りで「ゴールデンアーチ」を備えた有名なデザインを考案した。

「セルフサービス」レストランでは、客は窓越しに商品を注文し、自分の車で食べた。食事はすべて使い捨ての包装紙や紙コップで提供され、それによって食器の破損や盗難という問題を排除することができた。

マクドナルド・ブラザーズ・バーガー・バー・ドライブインは八角形の建物で、この形は当時の南カリフォルニアでは珍しくなかった。リフォームが終わったドライブインは1948年にオープンしたが、当初はたいへんだった。客たちが、カーホップが注文を取りに来るものと思って車のクラクションを鳴らしたからだ。やがて客たちは新方式に慣れ、安くて早くておいしいハンバーガーを求めて何度も来店するようになった。マクドナルド兄弟は、うちの従業員は1人前の食事――ハンバーガーとフライドポテトと飲み物――を客に20秒で出すことができると主張した。販売量が増えたことで利益も増えた。1951年の時点で、兄弟は27万5000ドルの収益を上げ、そのうち10万ドルが利益だった。ふたりが並はずれた成功を収めたという話は国中に広まり、1952年7月には『アメリカン・レストラン』誌が「マクドナルドの新たなセルフサービス・システム」に関する特集記事を掲載した。兄弟は、事業をフランチャイズ展開するときが来たと判断し、広告を出し始めた。

マクドナルド兄弟の新方式は斬新だったが、ふたりは、店内のレイアウトを変更すれば業務をさらに効率化できるはずだと考えていた。また、店の外観をもっと個性的にして、道路から見つけやすく、何百とあるファストフード店よりも目立つようにしたいとも思っていた。新たなモデル店舗として、正面がガラス張りで斜めにせり出しており、壁は赤と白の縞模様に塗られた建物が建てられた。リチャード・マクドナルドは、「ゴールデンアーチ」という半円形のアーチをふたつ、屋根の両端に設置するというアイデアを思いついた（このゴールデンアーチを図案化したのが、現在のマクドナルドの、丸みを帯びたMの字のようなロゴである）。ゴールデンアーチの下の外壁には、清潔さを象徴する白いタイルが貼られ、店内での調理の様子を誰でも見られるようガラスがふんだんに用いられた。

サンバーナーディーノで新店舗がまだ完成しないうちから、マクドナルド兄弟は新たな構想に基づいてフランチャイズ権を売り始めた。フランチャイズ契約では、契約者は兄弟に比較的少額の契約金と、売上の一部を支払う。ただし、それまでの飲食業のフランチャイズ契約とは異なり、兄弟は、すべての店舗を自分たちのモデル店舗とまったく同じように建て、まったく同じ食べ物をまったく同じ方法で調理することを求めた。新たなモデル店舗には屋内に飲食スペースがなく、客は自分が乗ってきた車で食事することになっていた。ただし、歩いてくる客や、車内で食事するのを好まない客のため、安価な椅子とテーブルが2セット店の前に置かれた。こうした店舗の造りによって一貫性と予測可能性と安全性が担保され、マクドナルドは他の新興ファストフード・チェーンに対して大きく優位に立つことができた。しかし、これらの条件は、既存の建物を使えないことからフランチャイズ契約を検討した人

初期のマクドナルドの店は、現在の広い店舗と比べて小規模だった。

たちの多くから不自由な制約と見なされ、そのためマクドナルド兄弟が結ぶことのできたフランチャイズ契約は1953年末の時点で21件にすぎず、そのうち実際に店舗営業にまでこぎ着けたのは、わずか10件だった。その10件のうち、2件はアリゾナ州フェニックスで、残りはすべてロサンゼルスの郊外だった。当時のファストフード・チェーンには、例えばアイスクリームを主力商品とする「デイリークイーン」のように店舗数2600を誇るチェーンもあり、そうした数字と比べれば、マクドナルドの店舗数はとうてい成功とは言えなかった。

サンバーナーディーノにできたマクドナルドのレストランは、大勢の人を引きつけ続けた。後にファストフード業界で起業する人の多くがサンバーナーディーノの店を訪れ、その場で目にしたものに感銘を受けた。例えば1952年、マシュー・バーンズとキース・G・クレーマーはマクドナルドを訪れると、その翌年にフロリダ州ジャクソンヴィルで、バーガーキングの前身となる「インスタ＝バーガー・キング」をオープンさせた。カリフォルニア州アナハイムのレストラン経営者カール・カーチャーは、マクドナルドを訪れた後、自分でもファストフード・チェーンを作ろうと思い立ち、店の名前を「カールスジュニア」とした。サンバーナーディーノに住んでいたグレン・ベルは、マクドナルドのやり方を研究し、同じことをハンバーガーではなくメキシコ料理でできないかと考えた。そうして立ち上げたのが「タコベル」チェーンだ。コリンズ・フーズ・インターナショナルの社長ジェームズ・コリンズは、サンバーナーディーノを訪れてマクドナルドのやり方についてメモを取ると、マクドナルド方式に基づく「ケンタッキーフライドチキン」のフランチャイズ展開を開始した。ほかにも多くの起業家たちがマクドナルドを模倣した店を開き、1954年には他の多くのファストフード店もマクドナルド兄弟が開発したモデルに基づいて運営されるようになっていた。

サンバーナーディーノのマクドナルド・レストランを訪れたひとりに、シカゴに事務所を構えるマルチミキサー販売代理店の社長、レイ・クロックがいた。それまでクロックは、デイリークイーンや「テイスティー＝フリーズ」など多くのファストフード・フランチャイズにマルチミキサーを売っていた。その経験からクロックは、ファストフード業界について深く理解していたし、フランチャイズ展開をめぐる問題点もある程度は知っていた。1950年代初頭、競争が激化してマルチミキサーの売上が落ち、クロックは新たな販路を必要としていた。そんなとき彼はマクドナルドの広告を目にし、マクドナルド兄弟がマルチミキサーを8台も購入していることを知って驚いた。1954年、彼はマクドナルド兄弟を訪ね、ふたりの店に大勢の客が流れ込んでいることに仰天した。クロックは、マクドナルドの事業が持つ将来性に気がついた。そこで兄弟と会って話し合い、クロックがマクドナルドのフランチャイズ権を全国で販売することを認める契約を結んだ。1950年代半ば当時、フランチャイズ展開は、多額の前払い金と引き換えに一定の営業地域をフランチャイズ契約者に割り当てるのが主流だった。しかしクロックは、マクドナルドのフランチャイズ店をコントロールしたいと思っていた。そこで、1契約につき1店舗のフランチャイズ権を売ることによって、地域単位でフランチャイズ権を与えるのを避け、そうすることで契約者が経営できる店舗の数をコントロールした。また、業務手順、使用する設備・備品、メニュー、レシピ、トレードマーク、店舗デザインについては絶対厳守を求めた。1955年、クロックは「マクドナルドシステム社」を設立し、最初のフランチャイズ権を自ら購入して同年イリノイ州デスプレーンズにフランチャイズ1号店をオープンさせた。その狙いは、この店をフランチャイズ契約希望者を引きつけるモデル店舗にすることだった。

同時にクロックは、テイスティー＝フリーズの元社員で同社のフランチャイズ事業を確立させたハリー・ソネボーンを雇った。ソネボーンは、「マクドナルド・フランチャイズ・リアルティー・コーポレーション」という不動産会社を設立し、同社が戦略的な立地に土地を購入して、その土地をマクドナルドのフランチャイズ契約者に貸し出した。これによってマクドナルドはアメリカで最大級の土地所有者になった。同社は賃貸契約によって金をもうけ、フランチャイズ契約者が賃貸契約を破った場合マクドナルドは契約者を立ち退かせることが

マクドナルドシステム社の創業者レイ・クロック。

1955 年にイリノイ州デスプレーンズにクロックが最初に建てたマクドナルドのフランチャイズ店。

できた。そのため基本的にフランチャイズ契約者は、フランチャイズ事業者から求められることをやった。この方法でクロックは全フランチャイズ店をコントロールして、統一性を確保し、水準を維持し、利益を生み出した。

1959年末の時点でマクドナルドのフランチャイズ店は100店舗以上あった。早い段階でこれほどの成功を収めた理由のひとつは、フランチャイズ店を監督するために選ばれたマネージャーたちの存在だった。クロックのモットーは「品質、サービス、清潔さ、価値」で、これを彼はフランチャイズ契約者全員に浸透させようとした。さらにクロックはマネージャーの養成にも力を入れた。ハンバーガー大学を設立し、ここで学べばハンバーガー学の学位を得られるようにした。第1期生15名は1961年2月に卒業した。以来、何万人ものマネージャーたちがここで講義を受けている。

一方、クロックとマクドナルド兄弟のあいだでは、たびたび意見が衝突した。兄弟はクロックに、自分たちの店舗デザインや業務の進め方に忠実に従うよう求めたが、クロックは新しいことをやりたがった。この問題を解決するためクロックは兄弟の権利を270万ドルで買い取った。買い取り契約には、マクドナルド兄弟がサンバーナーディーノでマクドナルドのオリジナル店を経営し続けることを認める条項や、既存の他のフランチャイズ契約者にも一定の保護を与える内容が盛り込まれていた。

レイ・クロックとマクドナルド兄弟のあいだには憎しみしか残らなかった。クロックは、道路を挟んで兄弟の店の向かいにマクドナルドの新店舗を建て、兄弟を廃業に追い込もうとした。マクドナルドのオリジナル店が火災で全焼すると、クロックは、デスプレーンズにある自分の店こそ正真正銘マクドナルド・ハンバーガーの1号店だと主張し、後にその店を博物館にした。ただ、実を言うとこの1号店は現存する最古のマクドナルド店ではない。その栄誉を受けるのは、カリフォルニア州ダウニーにあるマクドナルドで、この店はマクドナルド兄弟が1953年にフランチャイズ契約を結んだオリジナル店のひとつだった。現在は一部に最新設備が導入されており、経営者たちが建てた小さな博物館でチェーンの往時をしのぶことができる。

マクドナルドが成功を収めた大きな要因のひとつに、アメリカの人口動態の変化があった。ホワイトタワーやホワイトキャッスルなど初期のハンバーガー・チェーンは、店舗が市街地にあった。一方、マクドナルドがターゲットにしたのは、第二次世界大戦後に急速に拡大したアメリカの郊外だった。郊外にはベビーブームで生まれた子供をたくさん抱える家族が住み、郊外で暮らしていくのに自動車は不可欠だった。マクドナルドは、ファストフードと自動車と家族をフランチャイズ展開と結びつけ、店舗が若者のたまり場にならないよう、ありとあらゆる手を打った。マクドナルド兄弟の定めた方針を拡充する形で、クロックはジュークボックス、自動販売機、および公衆電話の設置を禁止した。女性を雇用することも、法で義務づけられるまで拒み続けた。

マクドナルド兄弟と初めて会ってから10年とたたないうちに、レイ・クロックはファストフード業界を根底から変えてしまった。１９６３年の時点でマクドナルドは１日に１００万個のハンバーガーを売っており、しかも、それは始まりにすぎなかった。同社は１９６６年から全国規模での宣伝活動を開始し、同じ年にはニューヨーク証券取引所に上場した。クロックの成功モデルは、市町村レベルか州レベルか全国レベルかを問わず、アメリカのほぼすべての新たなファストフード会社に模倣された。マクドナルドは成功の象徴と

マクドナルドが成功を収めた理由のひとつは宣伝だった。写真は1970年代の広告看板。

なり、莫大な利益を生み出した。当初レイ・クロックは、アメリカで1000店舗を展開できればいいと思っていた。1984年に彼が81歳で亡くなったとき、マクドナルドの店舗数は全世界で7500店になっていた。

マクドナルドが全国規模で実施してきた販売促進キャンペーンも、成功の大きな理由となっている。『アドバタイジング・エイジ』誌（現在の誌名は『アド・エイジ』）に20世紀最高の広告キャンペーンと評価されたキャッチコピー「今日はひと休みしよう（You deserve a break today）」や、CMでビッグマックの材料を列挙したセリフ「オールビーフのパティ2枚と、スペシャルソース、レタス、チーズ、ピクルス、オニオンを、ゴマ付きバンズで挟んでいる」は、アメリカ国民の誰もが知るフレーズになった。『ファストフードが世界を食いつくす』〔楡井浩一訳。草思社。２００１年〕の著者エリック・シュローサーによると、マクドナルドはほかのどのブランドよりも宣伝と販売促進に資金を投じているという。

１９５０年代、アメリカの小売業界で子供を広告のターゲットにする会社はほとんどなかった。「子供はお金を持っていない」というのが世間一般の考えで、それは確かにそのとおりであり、だから小売業者は、子供を店に連れてくる大人をターゲットにしていた。クロックは、郊外に住む中間層の家族を対象に販売促進を実施していた。そのとき気づいたのは、子供には「おねだりパワー」があるということで、いくつかの研究では、家族が食事をする場所を決めるのは子供である場合が多いとの結果が出ていた。子供は、ファストフード店なら自分の食べたいものを簡単に選ぶことができるので、ファストフード店が好きだった。そこでクロックは、マクドナルドへの来店を子供にとって「楽しい体験」にしようと考えた。ワシントンＤＣのフランチャイズ契約者が考案したマスコット「ロナルド・マクドナルド」（日本での正式名は「ドナルド・マクドナルド」）は、１９６６年、全国レベルでマクドナルドを代表するキャラクターになった。

１９７２年、サンディエゴ近郊のチューラヴィスタにあるマクドナルド店が、最初の「マクドナルドランド・パーク」をオープンさせた。２日間のオープン記念期間中に１万人が来

マクドナルドは、『若き勇者たち』（1984 年）など、数々の映画にたびたび登場した。

マクドナルドは、ロビン・ウィリアムズ主演の映画『ハドソン河のモスコー』（1984年）にも登場した。

場した。大盛況だったので、マクドナルドは多くの店舗に、遊び場があって架空のキャラクターたちもいる、色鮮やかな施設「プレイランド」を開設していった。また同社は、マーケティングの多くを子供向け映画と結びつけて実施した。さらに、マクドナルドが１９７９年に販売を開始した「ハッピーセット」は、食事におもちゃを付けたセットメニューで、現在マクドナルドは世界最大のおもちゃ販売業者になっている。１９８０年までに同社は、子供向けのテレビＣＭや店舗での販売促進活動に何百万ドルも投じていて、その投資に見合うだけの成果が上がっていた。例えば、アメリカの子供の96パーセントがロナルド・マクドナルドを知っており、この数字を上回るのはサンタクロースしかいなかった。マクドナルドは、「特定のブランドを支持し続ける『ブランド・ロイヤルティー』は、子供時代に始まるものであり、現在の子供をターゲットに広告を打てば、彼らが大人になったときブランド・ロイヤルティーが必ず生まれる」という、増益につながる販売促進の原理を明らかにしたのだった。

レイ・クロックの成功に触発されて他のファストフード・チェーンも成長した。各チェーンはマクドナルド方式をすぐに採用したが、新たなアイデアを導入することもあり、そのたびにマクドナルドはライバル企業に後れを取らぬよう対策を講じなくてはならなかった。例えば１９６７年、バーガーキングは屋内に座席を備えた新デザインの店舗を開いた。これは、マクドナルド方式の基本原則のひとつ「客は自分の車で食事をする」に反するものだった。しかし1960年代には、自動車で食事することに目新しさはなくなっていた。それに、蒸し暑い日や寒い冬の日に車内で食事をするのは気持ちのいいものではなかった。屋内の飲食スペースなら年間を通じて空調を効かせることができ、客たちはバーガーキングの快適な新店舗を絶賛した。マクドナルドはこれに対抗するため、屋内の座席を特徴とする新たな店舗デザインを1968年に導入した。この店舗デザインにより初期マクドナルドのもうひとつの基本原則「チェーンは都市部に出店しない」を破ることが可能となり、以来、マクドナルドのフランチャイズ店が市街地にいくつもオープンして繁盛した。

ウェンディーズ、ジャック・イン・ザ・ボックス、バーガーキングなど、いくつかのチェーンは、客がドライブスルーで注文するのを好んでいることに気がついた。マクドナルドは、1975年からドライブスルーの窓口を設置し始めた。現在、テイクアウトとドライブスルーの売上高は、アメリカにおけるファストフードの収益全体の約60パーセントを占めている。

マクドナルドは、ライバル企業に対してリードを保つため、あるいは後れを取らないようにするため、新商品を定期的に導入し、1960年代からメニューは多様化していった。パティを2枚挟んだ「ビッグマック」は、ピッツバーグのフランチャイズ店が、バーガーキングの「ワッパー」に対抗できるものを作ろうとして生み出したものだ。ビッグマックは、

1968年に全国販売された。1977年には、マクドナルドは忙しい工場労働者やサラリーマンが朝に急いで食事をとれるよう、朝食用のハンバーガーやイングリッシュマフィンを豊富な品ぞろえで提供した。ほかに新商品として、パティを通常の2・5倍にあたる4分の1ポンド（クォーター・ポンド。約113グラム）にした「クォーターパウンダー」や、パティと野菜が別の容器に入っていて客が自分でハンバーガーにする「McDLT」、ハンバーガーから脂肪分を90パーセントカットした「マクリーンデラックス」などがある。ちなみに、マクリーンデラックスはまったくヒットしなかった。

20世紀の終盤、マクドナルドはほかの大手ファストフード・チェーンともども数々の新たな問題に直面した。中でも多かったのが従業員をめぐる問題だった。人件費は上がり続け、従業員の離職率は高く、信頼できる人材を見つけるのは難しかった。ファストフード業界の収益力は低賃金に支えられており、マクドナルドをはじめ各ファストフード・チェーンは、給与総額を低く抑えるため反労働組合活動に意図的に関与していた。その上、各社は最低賃金の引き上げと労働者手当の増額に反対するロビー活動も常に実施していた。これに関連するのが従業員離職率の高さという問題で、店舗の中には年間離職率が300パーセントに迫る店もあった。離職率が高い理由は、ひとつは賃金が低いためであり、もうひとつは、パート従業員はどれほど長く勤務しても各種の福利厚生や残業手当、昇給を得られなかったためだった。マクドナルドが急速に成長した１９５０年代から60年代には、就職のチャンスをなかなか得られない若者がいくらでもいた。ベビーブーム世代が成人すると、マクドナルドは、年齢が上の労働者よりも若者の方が素直で管理しやすいと考え、積極的に雇用した。ベビーブーム世代の若者の数が減り始めると、マクドナルドはそれまで雇ってこなかった人々を従業員として探さざるをえなくなった。まず、男女差別を禁じる連邦法が制定されると、優秀な従業員が不足していたこともあり、同社は女性を雇い始めた。それに続けて、アメリカに来たばかりの移民、年配者、障害者を雇うようになった。そのためさらなる訓練と監督が必要となり、マクドナルドは自動化を進め、カウンターでの接客業務の負担を減らすタッチパネル式のハイテク・レジを導入した。

マクドナルドは、大成功を収めたこともあって、さまざまな方面から批判を受けてきており、そうした批判にときには前向きに対応してきた。１９６０年代、店舗にアフリカ系アメリカ人のマネージャーがいないことを批判されて、マクドナルドは黒人のフランチャイズ契約者を増やすよう努めた。ジャンクフードを推奨していると非難されると、サラダの販売を開始し、ハンバーガーに含まれる脂肪分を減らし、フライドポテトの調理法を変更した。コーヒーカップやハンバーガーの容器に発泡スチロールを使うなどして環境破壊の原因になっていると非難されると、それに対応するためマクドナルドは環境保護基金（ＥＤＦ）と提携して環境にやさしい会社作りを進めた。まず、発泡スチロールを紙製品に変え、リサイクルを奨励した。環境保護基金の推計によると、マクドナルドは納入業者に改良した容器包装類を使うよう求めることで、１９８９年から２００７年のあいだに廃棄物を15万トン削減した。さらに同社は、自社の店舗用に40億ドル分以上のリサイクル資材を購入している。環境保護への取り組みを進めた結果、マクドナルドは各種メディアから好意的に報道されることが非常に多くなっている。

またマクドナルドは、納入業者に影響力を行使しているとして批判されてきた。批判の論拠は単純で、「マクドナルドは世界最大の牛肉購入者なのだから、取引している納入業者の活動に一定の責任を負っている」という理屈だ。批判は発展途上国の納入業者に向けられ、特に、肉牛用の牧場とするためブラジルで熱帯雨林が破壊されているという事実に批判が集中した。マクドナルドは、ブラジル産牛肉の購入を拒否するなど納入業者を変更するとともに、さまざまな環境保護グループに多額の寄付をしている。それとは別の批判として、マクドナルドは取引している納入業者の肉牛飼育場や食肉処理場での労働環境について攻撃を受けてきた。エリック・シュローサーは、マクドナルドなどのファストフード・チェーンで行なわれている慣行のせいで食肉産業はアメリカで最も危険な職業になっており、そうした食肉業者の慣行が「腸管出血性大腸菌Ｏ１５７：Ｈ７など致死性の病原体がアメリカのハンバーガー用食肉に混入するのを助長している」のだと主張している。ようやくマクドナルドが牛挽き肉は安全性を証明できるものでなくてはならないと定めると、同社への納入業者は、もっと確実な検査に使う機器を調達した。

マクドナルドは、ジャガイモ生産農家に対しても大きな影響力を持ち、アメリカで収穫される全ジャガイモの7・5パーセントを押さえている。遺伝子組み換え生物への不安が高まる可能性から、マクドナルドは今後アメリカでは遺伝子組み換えジャガイモを購入しないと宣言した。ヨーロッパでは、EU法と国内法で課された規制により、マクドナルドは遺伝子組み換え食品を使っていない。

そのほかにマクドナルドは、世界各地で現地の文化やビジネスに悪影響を与えているという批判も受けている。同社の海外展開成功は、マクドナルドをアメリカの象徴と見る人々や、マクドナルドの進出で地元の伝統料理が消滅の危機にさらされると考える人々のあいだに、強い反感を生み出した。フランスでは、活動家ジョゼ・ボヴェが完成間近のマクドナルド店を破壊しており、同様の行為は他のヨーロッパ諸国でも起こっている。マクドナルドは、海外のフランチャイズ店の多くは現地の人がオーナーであり、マクドナルドで使われる農産物の大半は地元産だと主張している。

◉マックライベル裁判

1986年、環境保護団体グリーンピースのロンドン支部は、自分たちがマクドナルドの悪行と考えている事柄を攻撃目標にした。同支部は、「マクドナルドの何が悪いのか？あなたが知りたくないこと、すべて教えます What's Wrong with McDonald's: Everything You Don't Want to Know」と題する6ページのリーフレットを配布し、その中で、マクドナルドは貧困を助長し、体によくない食べ物を売り、労働者と子供を搾取し、動物を虐待し、アマゾンの熱帯雨林を破壊していると批判した。またリーフレットには、マクドナルドが「中央アメリカの熱帯雨林を広範囲にわたって破壊するため致死性の高い毒」を使っていると批判する一節もあった。グリーンピース・ロンドン支部のメンバーは、このリーフレットを4年間、マクドナルドの店舗の前などで配布した。1989年、マクドナルドは探偵を雇ってグリーンピースに潜入させ、リーフレットの作成・配布の責任者を突き止めさせた。その情報をもとにマクドナルドは、リーフレットの内容は誹謗中傷であると主張し、配布したメンバー5人を訴えた。

イギリスの名誉毀損法では、被告側が法廷で主張の正しいことを証明しなくてはならない。それまでマクドナルドは、イギリスの名誉毀損法を利用して批判者を黙らせてきた。例えば

1980年代には、イギリスの出版社や諸団体を訴えると脅して、マスコミから記事の撤回と謝罪を引き出している。名誉毀損裁判で負けた場合の代償は、訴訟費用と損害賠償金を合わせて巨額になることもあるからだ。訴えられたグリーンピース活動家のうち、3人は出廷してマクドナルドに謝罪した。残るヘレン・スティールとデーヴ・モリスの2名は裁判で争うことに決めた。ふたりは、裁判所からは法律上の手助けをいっさい受けられなかったが、ホールデン社会主義法律家協会から無料で支援を受けた。この、ふたり対大企業の裁判は、マクドナルドの通称と「名誉毀損」を意味する英語「ライベル（libel）」を組み合わせて「マックライベル（McLibel）」と呼ばれた。この裁判の噂が広まると、イギリスのメディアはこれに飛びつき、裁判の様子はたびたび新聞の1面を飾った。スティールとモリスを助けるため大勢のボランティアが集まり、その一部は「マックライベル・サポート・キャンペーン」を組織して調査活動でふたりを支援した。裁判は1994年3月に始まって3年続き、イギリス史上最も長い裁判になった。

この裁判は、マクドナルドにとっては広報面での大失敗となり、同社は労働・マーケティング・環境・栄養・食の安全・動物福祉にかかわる諸活動について自己弁護しなくてはならなかった。スティールとモリスは、マクドナルドの経営幹部に数日にわたって宣誓証言させた。その証言の最中に、マクドナルドが訴えを起こす前と起こした後に被告ふたりをひそかに監視していたことと、ロンドン警視庁が情報をマクドナルドに提供していたことが発覚した。「マックスポットライト（McSpotlight）」というウェブサイトが、裁判の進捗状況と、マクドナルドが全世界でやっているとされる悪行を報じた。eメールやプレスリリースが発信されて、マクドナルドの方針に抗議する「行動日」が全世界で実施された。もともとのリーフレットは27の言語に翻訳され、1990年以降、推計で300万部が配布された。

判決で、モリスとスティールはマクドナルドを誹謗中傷したと認められ、6万ポンドの罰金を科せられた。判事は、リーフレットの批判は大半が立証されていないと述べた一方、マクドナルドは子供を搾取し、顧客の健康を危険にさらし、労働者にきわめて低い賃金しか払わず、労働組合運動に反対してきたと認定した。さらに、同社は取引している納入業者の多くが行なっている動物虐待に対して責任を負っているとも認めた。

モリスとスティールは判決を不服として控訴し、さらにロンドン警視庁も訴えた。1999年3月31日、控訴院はマックライベル裁判の一審判決について、その一部を覆し、マクドナルドの商品を食べると心臓病を引き起こす可能性があることと、労働者が不当な扱いを受けていることについてはリーフレットの主張を支持した。そして、罰金を4万ポンドに減額した。スティールとモリスは罰金の支払いを拒否して上告したが、最高裁判所にあたるイギリス上院は上告を棄却した（イギリスでは2009年に最高裁判所が設置されるまで、イギリス上院（貴族院）が最高裁判所の機能を果たしていた）。ふたりは、この決定に異を唱え、この裁判によって自分たちは公正な裁判を受ける権利と表現の自由に対する権利を侵害されたと主張して、２０００年、欧州人権裁判所に提訴した。２００４年6月、欧州人権裁判所はふたりの訴えを認めて審理に入った。そして２００５年2月、同裁判所は、スティールとモリスは法的支援を得られず、そのせいで公正な裁判を受けられなかったのだから、両名の表現の自由は侵害されたと認定した。

●今日のマクドナルド

マクドナルド研究は学術界で注目されているテーマのひとつであり、多くの一般書がマクドナルドの成功を分析して同社の影響力を調査しようとしてきた。比較的有名な研究としては、アメリカにおけるマクドナルドの社会的影響を調査したジョージ・リッツア著『マクドナルド化する社会』［正岡寛司監訳。早稲田大学出版部。１９９９年］（邦訳の底本は１９９６年の改訂版。原書は１９９３年の初版出版以降たびたび改訂を重ね、２０２３年現在、第１０版まで出ている。改訂版のうち第4版は『マクドナルド化した社会：果てしなき合理化のゆくえ　２１世紀新版』［正岡寛司訳。早稲田大学出版部。２００８年］の邦題で出版されている）や、近代化を象徴するグローバルなシンボルとしてマクドナルドを扱ったベンジャミン・バーバー著『ジハード対マックワールド：市民社会の夢は終わったのか』［鈴木主税訳。三田出版会。１９９７年］などがある。それ以外にも、マクドナルドが全世界に与えたプラスとマイナス両方の影響を

ハンバーガーはポストカードにも登場した。上の写真は漫画家R・クラムのキャラクター「ハンバーガー・ハイジンクス」。

検討した書籍は数多い。

マクドナルドの経済的重要さは一般紙でも認められている。例えば『エコノミスト』紙は、各国の通貨を比較する際、為替レートを分かりやすくする指標として、ビッグマックの価格を基盤とした「ビッグマック指数」を用いている。この指数は、「ビッグマックという同一の商品は、販売される国がどこであろうと経済的価値は同一である」という仮定に基づいている。現実の価格差が、その通貨がどの程度過小評価または過大評価されているかを示している。

外交問題に詳しいコラムニスト、トマス・フリードマンは、マクドナルドを近代化の尺度として使い、マクドナルドのある国どうしは戦争をしないと得意気に主張した。しかし、この主張は1990年代、アメリカなどNATO諸国がコソヴォ紛争でセルビアを攻撃したことで批判された。セルビアには紛争前からマクドナルドのチェーン店があったからだ。これらセルビア国内の店舗は紛争中、マクドナルドをアメリカの象徴と見なしたセルビア人たちによって破壊された。

セルビア人以前にもマクドナルドをアメリカの象徴と見なした人々はいて、そうした見方をされることでマクドナルドは利益を得たこともあれば損害を受けたこともあった。マクドナルドの店舗は、アメリカ政府の政策のせいで破壊されたり爆破されたり、不買運動を展開されたりしたことがある。その一方、時代や国によっては、マクドナルドが現地の食事情を改善した近代化の原動力と考えられる場合もあった。

20世紀末の時点で、アメリカ人労働者の8人にひとりがどこかの時点でマクドナルドに雇用された経験があった。また、ある調査によるとアメリカ人の96パーセントが少なくとも1度はマクドナルドへ行ったことがあるという。さらに、毎日推計で2200万のアメリカ人がマクドナルドで食事をしている。今やマクドナルドは、成功を収めた効率的な事業の代名詞となり、全世界のポップカルチャーにすっかり定着している。

第4章◉マクドナルドのライバルたち

◉バーガーキング

1952年、カリフォルニア州ロングビーチに住むマシュー・バーンズと、その義理の息子キース・G・クレーマーが、カリフォルニア州サンバーナーディーノのマクドナルドを訪ねた。クレーマーはフロリダ州デイトナビーチにある「キースス・ドライブイン」のオーナーで、バーンズは彼にマクドナルドのやり方を見てもらおうと思ってカリフォルニアに呼んだのである。バーンズとクレーマーは店の様子を見て感心し、自分たちでも同じようなハンバーガー・レストランをフロリダに作ろうと考えた。さらにふたりは、サンタモニカに住む発明家ジョージ・E・リードを訪ねた。当時リードはファストフード業界用の機械「ミラクル・インスタ・マシーン」を2種類完成させていた。ひとつは、複数のミルクシェイクを同時に作ることのできる機械。もうひとつは「インスタ＝ブロイラー」という直火焼き機で、これはパティを焼き網かごに入れて両面を同時に直火焼きすることでハンバーガーを1度に12個調理できる機械だ。インスタ＝ブロイラーが1台あれば1時間に400個のハンバーガーを作ることができ、客が大勢やってくるドライブインにとっては、まさに夢の機械だった。焼き上がったパティは、焼き網かごから滑り出てソースの鍋に入り、それをトーストしたバンズに載せれば完成だ。1953年、クレーマーは両方の機械を使ってフロリダ州ジャクソンヴィルに「インスタ＝バーガー・キング」をオープンさせた。商品の値段は、ハンバーガーが18セント、ミルクシェイクが18セント、フライドポテトが10セント、ソフトドリンクが10セントだった。

クレーマーとバーンズは、インスタ＝バーガーの地域独占販売権をジェームズ・マクラモアとデーヴィッド・R・エジャートン・ジュニアに売り、ふたりはマイアミで1954年からインスタ＝バーガー・キングの店舗をいくつかオープンさせていった。エジャートンもマクラモアもコーネル大学のホテル経営学部で学位を取得していたが、それでもふたりはこれらの店で利益を上げることができなかった。もっといいアイデアがあるかもしれないと考えて、ふたりはインスタ＝ブロイラーを撤去し、新たな調理機「フレーム・ブロイラー」を考案した。店の名前も「バーガーキング」と変え、新商品「ワッパー」を売り出した。ワッパーは、4分の1ポンド（約113グラム）のビーフ・パティを、タマネギのスライス、トマト、ピクルス、調味料といっしょにゴマ付きバンズで挟んだハンバーガーで、追加料金を払えばアメリカンチーズやベーコンを足すことができた。基本のワッパーは値段が37セントで、これはリスクの高い挑戦だった。なぜなら当時、最大のライバルであるマクドナルドはハンバーガーを15セントで売っていたからだ。それでもワッパーはたちまちヒットし、会社を代表する商品になった。「バーガーキング、ホーム・オブ・ザ・ワッパー」というキャッチコピーが、同社の広告の多くに登場した。ジャクソンヴィルのインスタ＝バーガー・キング・チェーンが経営不振に陥ると、バーンズとクレーマーは経営から締め出され、同社の全国販売権は最終的にエジャートンとマクラモアが取得した。1961年、ふたりはバーガーキングをフランチャイズ展開するため多大な努力を開始した。

店長のスキルを向上させるため、マクラモアとエジャートンは、マクドナルドのハンバーガー大学が設立された2年後の1963年にワッパー・カレッジを開校した。また、ふたりは子供にアピールするため、立派なローブを着て頭に王冠をかぶった「バーガーキング」というキャラクターを作り出し、以来、紙製の王冠が販促品として使われている。虫が出る時期に客が不快にならないよう、バーガーキングでは注文エリアとパティオに網戸が設置されていった。やがて網戸はガラス戸に替わり、さらにエアコンが取り付けられた。店内の飲食エリアがバーガーキングに必ず設けられるようになったのは1967年で、これはマクドナルドが店内に飲食スペースを作るよりも1年早い。また、一部の店舗でバーガーキングは実験的にドライブスルーを導入し、専属スタッフを置いて運営させた。その結果、コストがかかりすぎることが分かり、ドライブスルーは中止されたが、数年後に再開された。

バーガーキングはフランチャイズを適切に管理することができず、フランチャイズ契約者たちは本社の基準から好き勝手に逸脱した。1964年、バーガーキングはすべての店舗が守るべき一貫したイメージを作り出した。スピード、清潔さ、品質についての基準を維持するため、本社の検査員が頻繁に抜き打ち検査を実施した。これによって売上が改善し、その結果1967年、会社はアメリカの食品メーカー「ピルズベリー」に買収された。ピルズベリーは小さな王様のロゴを廃止したが、後に復活させた。またピルズベリーは、キャッチコピー「お好み通りに（Have it Your Way）」やCMソング「アメリカはバーガーが大好き。そして私たちはアメリカのバーガーキング」などを使って、バーガーキングの大々的なプロモーション・キャンペーンを開始した。1980年代にバーガーキングは集中的な広告キャンペーンを実施し、これにマクドナルドも大々的な広告キャンペーンで対抗した。両社の争いは「バーガー戦争」と呼ばれ、その結果バーガーキングはマクドナルドに対してシェアを拡大させた。

会社は、アメリカ国外にフランチャイズ展開を始めると、社名を「バーガーキング・インターナショナル」に変えた。1989年、ピルズベリーはイギリスの多国籍企業グランドメトロポリタンに買収され、その後グランドメトロポリタンはギネスと合併して新会社「ディアジオ」になった。2002年にディアジオは、テキサス・パシフィック・グループ、ベインキャピタル、およびゴールドマン・サックス・キャピタル・パートナーズからなるスポンサー・グループにバーガーキングを売却した（その後バーガーキングは2010年に投資会社3Gキャピタルに買収された）。

●ジャック・イン・ザ・ボックス

「ジャック・イン・ザ・ボックス」は、1950年にロバート・O・ピーターソンがサンディエゴで創設した。店名の「ジャック・イン・ザ・ボックス（Jack in the Box）」は、「中からピエロが出てくるびっくり箱」という意味だ。1951年、ジャック・イン・ザ・ボックスはサンディエゴ・コミッサリー・カンパニー（社名の「コミッサリー」とは食品売店または簡易食堂のこと。同社は後にフードメーカー社と改称）に売却された。当初ジャック・イン・ザ・ボックスが出していた料理は、ハンバーガーとフライドポテトとミルクシェイクというシンプルなものだった。その後、タコスやサンドイッチなど他の商品を実験的に販売したが、主力商品は一貫してハンバーガーだった。

ジャック・イン・ザ・ボックスのフランチャイズ展開は、カリフォルニア州南部を中心に進められた。店舗の目印となったのは、2階建ての建物と同じ高さの看板で、そのてっぺんには、昔ながらのびっくり箱で定番のピエロ人形の顔があった。ジャック・イン・ザ・ボックスは、他に先駆けて店舗にドライブスルー用の窓口を計画的に設置したファストフード・チェーンのひとつだった。1968年、フードメーカー社はアメリカの大手食料・飼料メーカー「ラルストンピュリナ」の完全子会社になった。その時点でジャック・イン・ザ・ボックスは870の店舗を維持していた。1970年代、同チェーンは朝食の提供を開始した。「ブレックファストジャック」とエッグベネディクトは1971年に販売が始まり、オムレツなどほかの朝食メニューは1976年に始まった。

ジャック・イン・ザ・ボックスの1975年のCMは、最後が「見てろよ、マクドナルド！」というセリフで締められていた。1979年に店舗の数は1100にまで拡大したが、その後すぐ組織再編に着手し、一部店舗は閉鎖され、メニューは多様化された。ジャック・イン・ザ・ボックスは、サラダを出した最初のファストフード・チェーンだった。

1985年、レバレッジド・バイアウト（LBO。買収先企業の資産を担保に資金を調達して実施する買収）により、フードメーカー社は、ある投資グループによってラルストンピュリナから買収された。フードメーカー社は１９９９年に社名を「ジャック・イン・ザ・ボックス社」に改めた。２００５年時点でジャック・イン・ザ・ボックスは、全米に１６７０店舗を持つ、アメリカで5番目に大きいハンバーガー・チェーンだった。

◉カールスジュニア

ほかの例に漏れず、カリフォルニア州アナハイムのレストラン経営者カール・カーチャーも、マクドナルドを訪れたのをきっかけに、自分もファストフード・ハンバーガー・チェーンを作ろうと考えた。１９５６年、彼はすでに経営していたレストラン「カールス」のミニバージョンを開き、この新たな店を「カールスジュニア」と名づけた。カーチャーはすぐに2店目を近くの町ブレーアにオープンさせ、10年後にはカリフォルニア州南部に24店舗を持つまでになった。

店は、１９６６年にカール・カーチャー・エンタープライジズ（ＣＫＥ）として法人化された。２年後、同社は事業拡張計画を開始し、既存店よりダイニングルームが広くて、建物が魅力的で、店内に有線放送の音楽が流れる拡大版カールスジュニアを設置していった。主力商品は、ハンバーガー、ホットドッグ、フライドポテト、麦芽乳だった。ＣＫＥは

1975年までにカリフォルニア州に約100店舗を開き、1981年には株式上場を果たした。CKEはカールスジュニアを全米でフランチャイズ展開した。また、石油会社テキサコと提携し、今も多くのカールスジュニア店がテキサコのガソリンスタンド内にある。2004年現在、CKEは3400以上の店舗を持っている。

◉ウェンディーズ

デイヴ・トーマスは、ケンタッキーフライドチキンと「アーサー・トリーチャーズ・フィッシュ・アンド・チップス」で働いた後、1969年オハイオ州コロンバスに最初の「ウェンディーズ」をオープンさせた。トーマスは、アメリカ人は他のチェーンが出しているものより大きなハンバーガーをほしがっているはずだと考え、たぶんホワイトキャッスルの小さな正方形のバーガーをヒントにしたのだろう、4分の1ポンド（約113グラム）ある正方形のビーフ・パティを出すことに決めた。バーガーを注文するときは、このパティを2枚まで頼むことができ、後に注文可能枚数は3枚までに増えた。パティといっしょに複数枚のベーコンとチーズも挟むことにした。トーマスは、この基本の大型ハンバーガーを55セントで売り出したが、これは一種の賭けだった。当時マクドナルドのハンバーガーはわずか18セ

ハンバーガー・ファストフード・チェーン「ウェンディーズ」の創業者デイヴ・トーマス。

ントだったからだ。具材としてパティ、ベーコン、チーズ、野菜のスライス、各種調味料を自由に選べたので、ウェンディーズの「オールドファッションド」ハンバーガーは、２５６通りの違ったオーダーができるというのが、ウェンディーズの主張だった。またトーマスは購買層として、他のチェーンが子供をターゲットにしていたのとは違い、ヤングアダルトに注目した。ヤングアダルトなら高額なハンバーガーを購入したいと思うだろうと踏んだからであり、この読みは的中した。

1970年からデイヴ・トーマスは、オハイオ州内の他の都市に事業を広げていった。1972年には州外初のウェンディーズがインディアナポリスでオープンした。1972年に9店舗だったウェンディーズは、6年後には1818店に増え、1975年には株式上場を果たした。ウェンディーズがたちまち成功を収めた理由のひとつはドライブスルー用窓口を設けたことで、その導入は1970年だった。ドライブスルーで販売したため、駐車スペースや店内の飲食スペースが少なくて済んだ。ウェンディーズの成功を見てマクドナルドとバーガーキングも、これに倣った。

ウェンディーズはメニューの幅を広げ、ハンバーガーとフライドポテトのほか、チキンバーガー、フロスティ（ミルクシェイクに似たドリンク）、ベークトポテト、チリ（チリコンカルネのこと）などが加わった。1979年にはサラダバーが追加された。1986年9月には、4分の1ポンドのパティをカイザーロールのような形のバンズで挟んだ「ビッグクラシック」が売り出された。

ウェンディーズは、他のファストフード・チェーンと同様、テレビCMをたくさん流している。1984年、同社は有名なCM「牛肉はどこ?」を放送した。ちなみに、このキャッチコピーは同年後半、民主党の大統領候補ウォルター・モンデールが現職の大統領ロナルド・

レーガンに挑んだ大統領選挙でモンデール陣営のキャッチフレーズになった。1989年からはデイヴ・トーマスがウェンディーズのCMに登場した。2007年現在、ウェンディーズはアメリカで第3位のハンバーガー・チェーンで、アメリカを含む35か国で6600以上の店舗を展開している（2023年現在の店舗数は、30か国で6500以上である）。

◉インアンドアウトバーガー

1948年、ハリーとエスターのスナイダー夫妻は、「インアンドアウトバーガー」1号店をカリフォルニア州ボールドウィンパークに開店させた。提供するメニューは、ハンバーガー、チーズバーガー、フライドポテト、ソフトドリンク、ミルクシェイクという、シンプルなものだった。開業当初から同店は、双方向通話システムを完備したドライブスルー店だった。他のファストフード業者とは異なり、スナイダー夫妻は事業をフランチャイズ展開しないことにした。そのため事業拡大のペースは遅く、2号店が開店するのは1951年のことだった。ハリー・スナイダーが亡くなった1976年の時点で、インアンドアウトバーガーの店舗はまだ18店しかなかった。しかし、チェーンは今も創業者一族の手にあり、経営は順調に伸びている。

ボブズ・ビッグボーイはカリフォルニア州グレンデールで生まれた。同店のダブルパティ・バーガーは1940年代と50年代には大人気だった。現在、ビッグボーイ・レストランズ・インターナショナル（現ビッグボーイ・レストラン・グループ）は新たなデザインの店舗を展開している。

新しいビッグボーイの店内装飾は、1950年代の店内を模している。

各店舗の店長を訓練するため、会社はインアンドアウト大学を設立した。同社は従業員に、義務づけられた最低賃金よりはるかに多額の給与を払い、歯科保険・医療保険・眼科保険・生命保険を含む福利厚生制度を提供している。そのため、インアンドアウトは他のファストフード・チェーンと比べ従業員の離職率が低い。

公式のメニューは創業以来ほとんど変わっていないが、それとは別に「裏メニュー（Secret Menu）」が存在する。内容は特別料理と通常メニューのバリエーションで、現在その一部が会社のウェブサイトに「あまり裏じゃないメニュー（Not So Secret Menu）」として掲載されている。例えば、パティ3枚とチーズ3枚を重ねた「3×3」、片面にマスタードを塗って焼いたパティをいつもの調味料といっしょにバンズで挟んだ「アニマル・スタイル」、パティをバンズで挟むのではなくレタスで包んだ「プロテイン・スタイル」などがある。シェイクや炭酸飲料は、さまざまなフレーバーを組み合わせたものを作ることができる。

インアンドアウトバーガーは自前の精肉工場を運営しており、その工場から牛挽き肉が各店舗へ週に数回の割合で配送される。各店舗には電子レンジも冷凍庫もない。店ではフライドポテト用に生のジャガイモが毎日皮むきされている。シェイクはアイスクリームで作られていて、人工増粘剤はいっさい含まれていない。チェーンを売ってほしいという申し入れがあっても創業者一族は断ってきた。現在、チェーンの本部はカリフォルニア州アーヴァインにある。２００７年時点でカリフォルニア州、ネヴァダ州、アリゾナ州で１５０店舗が営業しており、その多くは今では店内に座席がある（２０２３年現在、右記3州のほか、ユタ州、テキサス州、オレゴン州、コロラド州にも出店している）。２００４年、インアンドアウトバーガー1号店が閉店し、同チェーンのファンたちは閉店後の建物がインアンドアウト・ミュージアムになることを期待している（建物は２０１１年に取り壊されたが、２０１４年、近くに1号店の実物大レプリカが建てられた）。

◉レトロなバーガー・ショップ

第二次世界大戦以前に生まれたハンバーガー・チェーンの一部は、21世紀の現在も存続している。カリフォルニア州バーバンクにある「ボブズ・ビッグボーイ」は今も人気の場所で、毎週金曜の夜にはレストアしたヴィンテージカーが店の駐車場に集まってくる。ビッグボーイのフランチャイズ本社であるビッグボーイ・レストランズ・インターナショナルはミシガン州ウォーレンにあり（本社は２０１８年の買収に伴い「ビッグボーイ・レストラン・グループ」と改称し、２０２０年ミシガン州サウスフィールドに移転した）、ビッグボーイの名を冠する店舗は、アメリカと日本合わせて４００店以上ある（２０２３年現在、ビッグボーイはタイにも2店舗進出している。なお、日本のビッグボーイはハンバーガーを提供していない）。テネシー州チャタヌーガに本社のある「クリスタル」は、今も正方形の小さなバーガーを提供し続けている（本社は買収に伴い２０１３年にジョージア州ダンウッディに移転した）。同社は２００４年からハンバーガー早

もうひとつ有名だったハンバーガー・ショップが、ルイジアナ州シュリーヴポートにある「サブウェーハンバーガー」だった。この店は、自宅や職場にバイクでデリバリーするのを売りにしていた。

ハンバーガー・ショップは、あの手この手で広告を打った。1930年代に一般的だった広告手段に、マッチ箱の外箱がある。上の写真は、「フリスコバーガー」を主力商品とするレストラン「ナイトホーク」の広告。ナイトホークは、かつては大きなチェーン店だったが、テキサス州オースティンに残っていた最後の店が2018年に閉店し、その歴史に幕を閉じた。

食い選手権を開催していて、２００7年には8分間で１０３個のハンバーガーを食べた優勝者に賞金1万ドルが贈られた（この早食い選手権は２００９年で終了した）。

ハンバーガー・ドライブインの黄金時代だった１９５０年代へのノスタルジーをきっかけに、当時の雰囲気を再現しようとする新たなチェーンが現れている。例えば、オクラホマ州ショーニーで開業した「ソニック・ドライブイン」は、全国展開している食品チェーンで唯一今もカーホップをサービスの中核に据えている。２００７年時点でソニック・ドライブインは全米に約３０００店舗を展開している（２０２３年現在の店舗数は３５００以上）。カジュアルなダイニングレストランである「ファドラッカーズ」は、「世界最高のハンバーガー」を提供しているとうたっている。ビーフ１００パーセントのパティは重さが1ポンド（４５０グラム）で、店内にはセルフサービスのバーがあるので、客は自分で好きな調味料を加えることができる。ファドラッカーズは、１９８０年にテキサス州サンアントニオで創業した。２００７年現在、同社はアメリカの30の州で２００以上の店舗を展開している（ファドラッカーズは２００８年以降、経営不振に陥り、２０２３年現在の店舗数はアメリカ内外合わせて６６店舗（一時休業中を含む）である）。１９８６年ハリウッドで創業した「ジョニーロケッツ」は、ハンバーガーとシェイクを提供し、店内には卓上ジュークボックスと、クロムメッキを厚く施した１９５０年代風の装飾が設置されている。同様にレトロなチェーンである「ファットバーガー」は、１９５２年ロサンゼルス創業だが、フランチャイズ展開を開始したのは

ハンバーガー・ショップは自慢の一推し商品に、例えば「グロリファイドハンバーガー」（見映えのするハンバーガー）といったユニークな名前を付けていた。ネブラスカ州リンカーン、1938 年。

1980年だ。同店の「キングバーガー」は「冷凍していないフレッシュな牛の赤身肉」を使用していて、店内では1950年代のヒット曲がジュークボックスから流れている。

1920年代以降、小規模のハンバーガー・チェーンが、店舗が1店だけのものも含めて数多く生まれ、今もアメリカ各地で普通に目にすることができる。そうした店は、注目を集めてライバルと差別化を図るため、他店とは違うハンバーガーを作り、ユニークな名前を付けて売り出した。そうしたハンバーガー・ショップとしては、例えばテキサス州オースティンには「フリスコバーガー」を売っていたレストラン「ナイトホーク」があったし、ルイジアナ州シュリーヴポートには「サブウェーハンバーガー」が、ノースカロライナ州グリーンズボロには「バトルバーガー」が、ネブラスカ州リンカーンには「グロリファイドバーガー」が、カリフォルニア州ハリウッドには「ケバブバーガー」が、ミズーリ州ロラには「オーシャンバーガー」が、ニューヨークには「スイスバーガー」が、インディアナ州ブルーミントンには「ビッグテックスバーガー」が、フロリダ州オキチョービには「ビフバーガー」があった。

第5章◉ハンバーガーの進化

厳密な定義に従えば、真のハンバーガーとは、牛挽き肉のパティを焼いてバンズに挟んだものである。ハンバーガーが生まれた当時、ジューシーさを増すためパティに牛脂を混ぜることが多かったし、風味づけのため、タマネギのみじん切り、タマネギの搾り汁、ニンニクなどが加えられることもあった。年を追うごとに数多くのバリエーションが生まれ、ハンバーガーの大きさ、形、材料、味つけが工夫の対象になった。

ハンバーガーのレシピには、卵を加えるもの（それによって牛肉のしっとりさを保ち、パティが崩れるのを防ぐ）や、デンプンを多く含む増量剤として、牛乳に浸したパン、パン粉、コーンフレーク、またはオートミールを加えるものがある。合い挽き肉を好む人もいて、牛肉にラム肉や子牛肉、豚肉などを混ぜることもある。また、時代が下ると、おいしくない「かさ増し」や混ぜ物をハンバーガーのパティにたっぷり混ぜ込む悪徳業者も登場した。パティの焼き方は何通りもあるが、最も一般的なのは網焼きと油焼きだ。油焼きに使う油は、パティの牛肉から出る油の場合もあれば、植物油、ショートニング（食用油脂）、バターなどの場合もある。ハンバーガーのパティはタマネギといっしょに焼いてグレービーソースとともに出されることが多い。

ハンバーガーに使うパンは、当初は薄いスライスパンだった。しかし、具材となるハンバーグが大きくなり、あふれる肉汁の量も増えると、もっとしっかりとしたパンが必要になった。アツアツの料理をバンズに挟んで出すというアイデアは、新しいものではない。この方法を採用したホットドッグが、アメリカの屋台商たちによって少なくとも1870年代には売られていたし、そのころにはもうホットドッグ専用バンズが製造されていた。しかし、ハンバーガー専用バンズが製造されるようになるのは19世紀末になってからだ。現在ほとんどのハンバーガーに使われているのはやわらかい白パンのバンズで、上にゴマが付いているものが多いが、それ以外にも、イングリッシュマフィンで挟んだハンバーガーや、トルティーヤで包んだ「タコスバーガー」、ピタパンに詰めたギリシア風の「グリークバーガー」などもある。

調味料は、ハンバーガーの見た目や味に独創的な華やかさを加える。ハンバーグなどの挽き肉料理は、ハンバーグがバンズと初めて出会う以前から、何らかのソースや調味料または

奈良市にあるモスバーガーの店舗外観。

付け合わせが添えられることが多かった。具体的には塩、コショウ、マスタード、ケチャップを加えるのが、ハンバーガー以前の料理では一般的だった。ほかに当時おすすめの調味料には、ウスターソース、ホースラディッシュ（西洋わさび）、ナツメグ、レモンの搾り汁、ピクルスのスライスがあった。マヨネーズは、20世紀初頭に商業ベースでの生産が始まると、おすすめ候補のひとつになった。１９３０年代より以前には、トマトとレタスをハンバーガーの具材として使っていたという記録はない。第二次世界大戦後、ランチドレッシング（マヨネーズをベースにバターミルクと各種調味料を加えたクリーミーなドレッシング）をはじめ、サルサソース、醤油、バーベキューソース、その他さまざまな「秘伝のソース」など、多種多様な調味料が使われるようになった。

スタンダードなハンバーガーの人気が定着すると、すぐさまいろいろなバリエーションが生まれ始めた。１９２０年代には、パティの上にスライスチーズを載せたチーズバーガーが登場した。もともとはアメリカンチーズが使われていたが、やがてブルーチーズ、スイスチーズ、チェダーチーズなど、さまざまなチーズでチーズバーガーが作られるようになった。ベーコンのスライスを加えたのがベーコンバーガーで、チリソースを使えばチリバーガーになる。ピザソースとモッツァレラチーズなら、ピザバーガーだ。そのほかにも、豆のペースト、マッシュルーム、ニンジン、卵、ワカモレ（アボカドソース）、オリーブ、チリペッパー、ザウアークラウトといった食材を使って、何百通りものハンバーガーが考案されている。カロリーを気にする人には、脂身がとても少ない赤身の牛肉で作った「低カロリーバーガー」や、牛肉を減らして代わりに大豆製品など肉以外のかさ増し食材を使った「低脂肪バーガー」がある。値段が高くても喜んで金を払うという人は、神戸ビーフで作ったハンバーガーを味わうのがいいだろう。神戸ビーフは、その味と、きめの細かい「さし」が入った霜降りで知られる高級牛肉で、その牛は噂によるとビールを飲ませたり人の手でマッサージしたりして育てられているという。神戸ビーフの肉牛は、もともとは日本で育てられていたものだが、今ではニュージーランドやアメリカでも育てられている。現在ではアメリカ国外で調理されたハンバーガーをアメリカ国内で提供している店もあり、そうした店では、冷凍された調理済みパティを配送してもらい、それを店で（たいていは電子レンジで）温めて客に出している。

◉多様化するハンバーガー

現在、ハンバーガーには牛肉のパティだけでなく、七面鳥の肉、鶏肉、ハマグリ、兎肉、魚、豚肉、ラム肉など、さまざまな食材が具材として使われている。また、肉を使わずに大豆タンパク質やデンプン質野菜、果物のスライス、豆類、ナッツ類などで食べ応えと食感を再現したハンバーガー（「ベジバーガー」）もある。また、シンシナティで生まれた「フラバーガー」は、パイナップルのスライスとチーズをバンズで挟んだ肉のないハンバーガーで、これは、カトリック信者は毎週金曜日と四旬節（イースター前の約40日間）には肉食を控えることが求められるので、そうしたカトリック信者でも食べられるようにと考案されたものだった。ボカバーガーは、マックス・ションダーが考案して1993年に売り出されたバーガーだ。大豆をベースにしたハンバーガーで、今ではアメリカでベジタリアン食の中心になっているし、ベジタリアン以外の人も食べるようになってきている。

◉ポテトはおつけしますか？

ハンバーガーのサイドメニューは、時代とともに変化してきた。ハンバーグ・ステーキにおすすめの付け合わせはフライドポテトであり、そのためフライドポテトがハンバーガーのスタンダードなサイドメニューになるのは当然の流れであった。19世紀のアメリカでは、ポテトはラードで揚げるのが一般的だった。１８７０年代になると、ポテトの素揚げは形とサイズによって何種類かにまとまっていった。アメリカでは、紙のように薄くスライスした円形のポテトを割れるくらいパリパリに揚げたものを「サラトガチップス」または「ポテトチップス」といい、それより太い棒状のポテトを、外はカリカリ、中はホクホクとなるよう揚げたものを「フレンチフライドポテト」と呼び、１９１８年には略して「フレンチフライ」と呼ぶようになった（日本では「フライドポテト」という）。イギリスでは、これとは違った名前が付けられた。ポテトを長い直方体状に切って揚げたものは「チップス」と呼ばれ、ポテトの薄いスライスをパリパリになるまで揚げたものは「クリスプ」（「パリパリなもの」という意味）と呼ばれた。

20世紀初頭になると、フライドポテトはときどきカフェやダイナーのメニューに見られるようになった。指で簡単に食べられ、アツアツの揚げたてが一番おいしいフライドポテトは、ファストフード文化に完璧にマッチするかに思われた。しかし、フライドポテトはすぐには流行しなかった。おいしく作るのが驚くほど難しく、調理には時間がかかるし、よそ見することもできなかったからだ。そもそも、大量のジャガイモを、注文に応じて日に何度も皮をむいてカットしなくてはならない。大きな鍋に入った揚げ油（ラード、ショートニング、または植物油）は、温度を170～190℃で一定に保ち、次の注文がいつ来てもポテトを入れられるようにしておかなくてはならない。そんな高温の油をコンロに載せておくこと自体、キッチンにいる人全員にとって危険きわまりない。揚げ時間を慎重に計り、揚げ上がったらポテトがしなしなのべちょべちょになる前に客に出さなくてはならない。調理担当者は、これをすべて正確に行なえるよう特別な訓練を受ける必要があったし、たとえ訓練を受けても高温の油で事故が起こる可能性があったことから、ハンバーガー・ショップの経営者や店長は、そこまでしてフライドポテトを出す必要はないと考えていた。

第二次世界大戦中、食肉が配給制になると、ハンバーガー・ショップの経営者たちは、品薄になった牛肉のハンバーガーに代わるものを見つけなくてはならなくなった。ジャガイモは配給の対象になっておらず、量もふんだんにあって価格も安かったので、大戦中にフライドポテトはレストランのメニューの定番になった。大戦後に配給が終わっても、フライドポテト人気は上昇を続けた。ハンバーガーとフライドポテトという組み合わせは、18世紀以来アメリカ人の食事の柱だった「肉とポテト」という組み合わせの新バージョンだったわけだ。それでも、ホワイトキャッスルなど一部のハンバーガー・チェーンは、高温の油は危険だという理由で、第二次世界大戦前からフライドポテトを作るのを中止していた。１９５０年代、安全性が向上した新しい業務用フライヤーが考案されると、揚げ具合が完璧なフライドポテトを作ることがずいぶん簡単になった。１９７０年代には、フライヤーにタイマーとオートリフト機構が組み込まれ、キッチンスタッフをほとんど危険にさらすことなく上質なフライドポテトを作れるようになった。

アメリカでは、フライドポテトは塩を振った後、ケチャップにディップして食べるのが一般的だ。一部のヨーロッパ諸国では、ベルギーやオランダを中心に、マヨネーズが一番人気で、それ以外ではインドネシア風のピーナッツソースも人気がある。イギリスでは、モルトビネガー（麦芽酢）を振りかけることが多い。

フライドポテトはマクドナルドの主力商品になった。創業者であるリチャードとモーリスのマクドナルド兄弟は、フライドポテトは自分たちが成功を収めた大きな理由のひとつだと思っていた。ふたりは、フライドポテトの作り方を改良し、ハンバーガーとフライドポテトの相性のよさを宣伝した。材料にはラセットバーバンクという品種の生のジャガイモを使い、まずは皮をむいて細くカットした。これを専用のフライヤーで揚げると、外はカリカリ、中はホクホクのフライドポテトができあがり、この食感がマクドナルドのフライドポテトの特徴になった。1960年代にチェーンが拡大し始めると、数十の異なるジャガイモ納入業者と契約を結ぶようになり、いつどこで食べても確実に同じだったマクドナルドのフライドポテトは食感にばらつきが出るようになった。それに、生のラセットバーバンクは1年のうち7か月間しか手に入らなかった。マクドナルド兄弟からマクドナルドを買収したレイ・クロックは、フライドポテトを調理して販売するのにもっとよい方法はないか探し始めた。

冷凍フライドポテトは、すでに1946年から市販されていたが、揚げるとポテトの風味が失われるのが難点だった。アイダホ州のジャガイモ栽培業者J・R・シンプロットは、1953年に冷凍フライドポテトの生産を開始したが、売上は思うように伸びなかった。どうやら家庭の主婦は冷凍ポテトを自宅で揚げようとは思わないようだと判断したシンプロットは、冷凍フライドポテトの労力節約というメリットに興味を示しそうなファストフード・チェーンに目を向けた。1965年、シンプロットはレイ・クロックと会い、これ以降フライドポテトの世界は一変した。マクドナルドの研究員たちは、シンプロット社と協力しながら問題解決に挑んだ結果、ジャガイモをカットしたら150℃の油でさっと揚げて水分を飛ばし、それから冷凍するといいことを突き止めた。さらにマクドナルドは、フライドポテトは牛脂と大豆油を93対7の割合で混ぜた油で揚げると一番おいしくなることも発見した。1972年には、マクドナルドのほぼすべてのフライドポテトはこの方法で調理されるようになった。ほかのチェーンも、このやり方を模倣した。

マクドナルドがポテトを揚げるのに牛脂を使っていた1989年、ベジタリアンたちから、フライドポテトを作るのに動物性食品を使っていることをマクドナルドは顧客に知らせていなかったとの苦情が寄せられた。さらに栄養士たちが、フライドポテトに含まれるコレステロールの量を批判し始めた。そこでマクドナルドは1990年に、揚げ油を植物油に変更したと高らかに宣言した。しかし、調理前のポテトに少量の牛脂を含む香料が添加されていることが明らかになると、ベジタリアンは反撃を開始し、インドのムンバイでは怒ったヒンドゥー教徒の客たちがマクドナルドの店舗を襲った。マクドナルドはコメントを出し、インドの店舗ではこれまでに牛製品を使ったことは1度もないと主張した。アメリカでは少人数のベジタリアンがマクドナルドに対し、フライドポテトはベジタリアン向けだと虚偽の主張をしたとして訴訟を起こした。マクドナルドは、そのような主張をしたことはないと否定したが、最終的に和解し、会社のウェブサイトに謝罪文を掲載することと、ベジタリアン団体と原告12名に合わせて1000万ドルを支払うことに同意した。

ジャガイモは、アメリカ人が食べる野菜の第1位で、その大部分はフライにして食べられている。子供が摂取する野菜総量の約4分の1がポテトチップスとフライドポテトで、13〜19歳になると、この数字は約3分の1に増える。栄養士たちは、ファストフードのフライドポテトに含まれるコレステロール（牛脂で揚げた場合）、総脂肪酸、飽和脂肪酸、トランス脂肪酸、およびナトリウムの量が多すぎると批判しており、言うまでもなくこうした栄養面での問題点は、フライドポテトをたくさん食べている20歳未満の子供たちに深刻な影響を与えている。

この50年のあいだに、ファストフードで出されるフライドポテト1人前の分量は着実に増えている。当初マクドナルドはLサイズしか出しておらず、その重量は57グラムだった。現在、マクドナルドのフライドポテトはSサイズが57グラムで、Lサイズはずいぶん前から170グラムになっている。一時期、マクドナルドは「スーパーサイズ」と称する227グラムのポテトを販売していた。しかし、モーガン・スパーロックのドキュメンタリー映画『スーパーサイズ・ミー』と、その後に彼が出した本『食べるな危険!! ファストフードがあなたをスーパーサイズ化する』［伊藤真訳。角川書店。2005年］によって世論の圧力が高まると、マクドナルドはスーパーサイズの販売を中止した。ただし、ほかのファストフード・チェーンには今もスーパーサイズと同量のフライドポテトを出し続けている店がある（2023年現在、マクドナルドのフライドポテトのサイズ別グラム数は、ここに記載された値と異なっている。また、同じサイズでも重量は国によって異なる）。

マクドナルドは、フライドポテトの調理法を改良し続けている。調理時間と温度を自動で調整するコンピューターを導入したのは、ファストフード業界ではマクドナルドが初めてだ。また、冷凍ポテトを短時間で揚げるシステムを作り、それによって客に出すまでの時間を30〜40秒短くした。たったの30秒と思うかもしれないが、何万人もの客がフライドポテトを注文することを考えれば、このわずかな時間は大きな意味を持ってくる。節約できた時間だけでも設備の費用を補って余りある。

前掲書『ファストフードが世界を食いつくす』の著者エリック・シュローサーによると、マクドナルドのフライドポテトにしか出せない独特の風味は、ジャガイモの品種のせいでもなければ、フライにする技術や調理に使う設備のせいでもないという。その証拠に、ほかのチェーンも同じ産地からジャガイモを買い、同じ設備を使っている。実は、現在マクドナルドのフライドポテトに独特の風味を与えているのは、揚げ油に加えられた合成香料なのである。

冷凍フライドポテトの年間売上高はこの50年で劇的に増え、今ではフライドポテトはアメリカでダントツの人気を誇るファストフードになっている。アメリカでは、冷凍フライドポテトの売上高は１９７０年に生のジャガイモを超えた。２０００年には、冷凍フライドポテトの全世界での年間売上高が19億ドルを突破した。

この冷凍フライドポテトへと向かう流れに逆らったのがインアンドアウトバーガーで、今でも同社はフライドポテトを生のジャガイモで一から作っている。品種は、季節に応じてケネベックからラセットを使っている。ジャガイモは1個1個、綿実油で揚げる直前に手作業で皮をむき、カットしている（２０２３年現在、インアンドアウトバーガーでは揚げ油に綿実油ではなく、ひまわり油を使っている）。インアンドアウトバーガーの「裏メニュー」では、溶かしたチーズを振りかけた「チーズフライ」や、チーズと焼きタマネギをかけた「アニマルフライ」、揚げ時間を通常より長くしてカリカリ感を増した「フライ・ウェルダン」など、バラエティー豊かなフライドポテトが提供されている。

ファストフード・チェーンが海外に進出すると、それに続いて冷凍フライドポテトの生産も世界中に広まった。ラセットバーバンク種のジャガイモは、アメリカ原産だが、今ではフライドポテト用に多くの国で栽培されている。２００４年の時点で、冷凍フライドポテトの生産量世界1位は依然としてアメリカであり、2位はオランダで3位はカナダだ。フライドポテトが国際政治に巻き込まれたこともある。先に書いたようにアメリカではフライドポテトは「フレンチフライ」と呼ばれているが、２００３年、イラクを攻撃するためアメリカ主導で結成された多国籍軍にフランスが参加を拒むと、アメリカでは一部の共和党議員が「フランスのフライ」を意味する「フレンチフライ」の呼び名を「リバティーフライ」あるいは「フリーダムフライ」（どちらも「自由のフライ」という意味）に変えるべきだと訴えた。

強硬に共和党を支持するレストラン・オーナーの中には店のメニューで名前を変えた人がいたようだが、この改名はまったく定着しなかった。

もうひとつ、ハンバーガーのサイドメニューとしてよく食べられているものに、タマネギのスライスに衣をつけて揚げたオニオンリングがある。一説によると、オニオンリングは1920年代にレストラン・チェーン「ピッグスタンド」で考案されたと言われている。ただ、この主張を裏付ける一次資料は今のところ見つかっていないし、タマネギも含め、野菜に衣をつけて揚げた料理のレシピは、20世紀よりはるか以前からアメリカの料理本に掲載されている。1955年、サム・クイグリーという人物が、パン粉をつけた冷凍オニオンリングの製造をネブラスカ州で開始した。1959年には販売事業「サムズ・オニオン」を手がけて利益を上げた。他の会社も、家庭用やファストフード店用に冷凍オニオンリングの製造を始めた。オニオンリングがファストフードとして人気が出るのは1970年代に入ってからだ。1973年にデイリークイーンがメニューに加え、1979年にはジャック・イン・ザ・ボックスがそれに続いた。現在では、バーガーキングのほか、A&Wレストラン、カールスジュニア、ソニック・ドライブインなど、多くのチェーンがオニオンリングを出している。

●ドリンクで流し込もう

19世紀末のランチワゴンは、ハンバーガーといっしょにコーヒーを出していた。20世紀初頭に瓶入りのソフトドリンクが普及すると、ハンバーガーの屋台商たちはコーラ、ルートビア、フルーツ味の炭酸飲料を提供した。ホワイトキャッスルは創業当初から炭酸飲料を売っていた。以来、ほぼすべてのファストフード・チェーンがソフトドリンクを販売してきた。炭酸飲料は製造コストが低く、材料（水、炭酸ガス、甘味料、着色料、香料）も安価なので、ファストフード店にとっては大きな利益を生む商品だ。

ミルクシェイクも、ハンバーガーの歴史に欠かせないドリンクのひとつだ。最初に流行したのは19世紀後半、ドラッグストアのランチカウンターやソーダファウンテンでだった。作るのに電気器具が必要だったので、ミルクシェイクがハンバーガー・ショップに登場するのは、店が屋台から実店舗に移ってからだ。１９１１年にアメリカの家電メーカー「ハミルトンビーチ」が実用的な電動ミキサーを考案すると、ミルクシェイクや、それしよく似た麦芽乳などのドリンクは流行し、とりわけアルコール飲料を飲むことができなかった禁酒法時代には盛んに売れた。ファストフード・レストランでも、１９３０年代にはミルクシェイクを売り始めた。

1930年代後半、マルチミキサーが考案されて、複数のミルクシェイクを同時に作ることができるようになった。セールスマンのレイ・クロックは、この新商品に感心し、1939年にマルチミキサーの販売権を購入した。第二次世界大戦後、クロックはマルチミキサーをテイスティー＝フリーズやデイリークイーンといったアイスクリーム・チェーンに売った。1950年代初頭、リチャードとモーリスのマクドナルド兄弟はマルチミキサーを8台購入し、それによってシェイクを1か月に2万杯売ることができた。クロックがこの数字にびっくりして店舗を訪れてみたところ、何人もの客がハンバーガーやフライドポテト、シェイクを買うため列を作って並んでいるのを見てまた驚いたという話は、前に紹介したとおりである。

1950年代以降、ミルクシェイクはほとんどのファストフード店に欠かせない商品となっている。店によっては、今も新鮮なミルクとアイスクリームとシロップで作っているところもあるが、多くのチェーン店では、既製のミルクシェイクの素にフレーバーシロップとミルクを混ぜて作っている。また、アイスクリーム店から始まったチェーンでは、デイリークイーンの「ブリザード」（キャンディーやクッキーを混ぜ込んだシェイク）など、さまざまなミルク系フローズンドリンクを開発している。

20世紀半ばまでに、アメリカの伝統的なハンバーガーと、その定番サイドメニューの組み合わせは、おおむね定まった。そしてファストフード・チェーンがアメリカ国外に進出すると、その商品は、他の国々や民族の食文化に合わせて変化していった。

第6章◉世界に広がるハンバーガー

ハンバーガー発祥の地はアメリカだが、似たような食べ物はイギリスでも生まれていた。イギリスでは牛肉は高級食材で、その中でもハンブルク・ビーフは最高級とされていた。冷蔵技術が発達する以前、新鮮な牛肉をドイツからイギリスに送ることはできず、そのためハンブルク・ビーフは塩と香辛料を擦り込まれた後、船でイギリスに運ばれて高値で売られた。残ったくず肉からソーセージが作られた。ハンナ・グラス著『簡単で分かりやすい料理術 *The Art of Cookery Made Plain and Easy*』の1758年版には、イギリス産牛肉を使ってではあるが、ハンブルク・ソーセージのレシピが掲載されている（194ページ参照）。レシピには、このソーセージはパンに載せて食べてもいいと、ハンバーガーの登場を予感させるアドバイスが書かれている。

「ハンバーグ・サンドイッチ」と名づけられた料理――冷めたハンブルク・ソーセージのス

ライスに調味料をかけてパンのスライス2枚で挟んだもの——のレシピを初めて掲載したのは、チャールズ・ハーマン・セン著『厳選サイドディッシュ *Recherché Side Dishes*』（1901年）だった（193ページ参照）。ハンブルク・ソーセージはロンドンにある老舗食料品店フォートナム・アンド・メイソンで売られていたので、このハンバーグ・サンドイッチは、アメリカで生まれた労働者階級向けの安いハンバーガー・サンドイッチとは違って、上位中流階級向けの高価なサンドイッチであった。

アメリカ版のハンバーガー・サンドイッチは、第一次世界大戦中にアメリカ軍といっしょにヨーロッパにやってきた。素早く簡単に作ることができ、皿やカトラリーを使わずに、できたてアツアツを手軽に食べられるハンバーガーは、軍隊食にうってつけだった。ハンバーガーは牛のくず肉と、とにかく手に入るパンを材料としていたので、値段は安いが、比較的栄養豊富で食べ応えもあった。それに、当時すでにハンバーガーはアメリカではありふれた食べ物になっていたので、外国に来たアメリカ兵にとってハンバーガーは、ありがたい「懐かしい故郷の味」だった。

ハンバーガーがアメリカ国外で商品として提供されたことを示す一番古い証拠はパリにある。1920年代のパリでジャック・ベーカーという人物が、在留アメリカ人やアメリカ人観光客向けのレストランを開店した。ベーカーは「アメリカ」料理をいくつか出していて、その中にハンバーガーもあったが、売上は振るわず、ハンバーガーは当時のフランスでは流行しなかった。第二次世界大戦後、ハンバーガーはフランスのレストランで出るようになった。ただし、メニューではしばしば「アンブルゲル・アメリカン（アメリカ風ハンバーガー）」「アンブルゲル・プロヴァンサル（プロヴァンス風ハンバーガー）」といった変わった名前を付けられたし、注文するのも旅行中のアメリカ人観光客が多かった。

第二次世界大戦中から大戦後にかけ、アメリカ軍は西ヨーロッパ、北アフリカ、および太平洋地域の軍事施設でハンバーガーを提供し、各地の起業家たちも、自分の店にアメリカ人を呼び込む手段としてハンバーガーを出し始めた。ハンバーガーがアメリカ国外でも普通に提供されるようになるのは第二次世界大戦が終わって数十年後のことだが、アメリカ人以外の人は多くがアメリカ軍を通じてハンバーガーを初めて知った。こうした関係が、1970年代から1980年代にハンバーガーが世界に広がる下地となった。

ほかの国々でハンバーガーが人気になった理由は、アメリカの場合と同じく、値段が安くて手軽に食べられ、バリエーション豊富で、食べ応えがあり、いろいろな人々のあいだで「おしゃれな食べ物」と思われたからだ。チェーン展開によって、どの店にも同じものがあるという安心感が生まれ、旅行中に知らない町を訪れても、ハンバーガーのチェーン店に行けば、なじみのものが食べられた。ハンバーガー店は世界の他の地域にもたちまち広まり、今ではほとんどの国にアメリカのファストフード・レストランが存在している。

◉英語圏諸国のハンバーガー

カナダ

カナダは、ハンバーガーがアメリカ国外に進出する際の最初の実験場だった。カナダとアメリカは、5061キロメートルにわたって国境を接しており、話される言葉も同じことから、何百年も前から食文化の交流が進んできた。そのカナダでは、ハンバーガーはアメリカと同じ道を進んだ。カナダのレストランで提供されるようになったのは20世紀初頭で、第二次世界大戦前には、ホワイトキャッスルなどアメリカのファストフード・チェーンがカナダで店をオープンさせた。大戦後、アメリカのほぼすべてのハンバーガー・チェーンがカナダで事業を開始し、カナダでの成功を踏まえて各チェーンは他の国々にも進出した。例えばマクドナルドは、アメリカ以外で初の店舗を1967年にカナダでオープンさせ、その経験を踏まえて、それからすぐにオーストラリア、イギリス、ヨーロッパ大陸諸国に出店した。バーガーキングも似たような経過をたどった。1969年にカナダ1号店をオープンさせ、その2年後にオーストラリア1号店を開いている。1970年代に入るとバーガーキングはイギリスでも事業を開始した。

オーストラリアとニュージーランド

バーガーキングは、北米以外で初となる店舗を、1971年オーストラリアのパース郊外に開いた。当時、すでに別のレストラン経営者が「バーガーキング」という名を商標登録していた。オーストラリアでフランチャイズ契約を結んだジョン・コーウィンは、これからオーストラリアで開くバーガーキングの店舗に付ける名前に「ハングリージャックス」を選んだ。ハングリージャックスは、バーガーキングの通常のメニューに加えて、具材に卵とベーコンとチーズを使うが牛肉は入れない「オージーバーガー」など独自の商品も提供した。オーストラリアで「バーガーキング」の商標権が失効すると、アメリカのバーガーキング本社は商標権を手に入れ、オーストラリアの全店舗を「バーガーキング」に改称しようとした。これにコーウィンは反対し、自分のフランチャイズ店の名前を変えることを拒んだ。本社は1996年からオーストラリアとニュージーランドで「バーガーキング」の名を冠したレストランをオープンさせ、その多くは近くにあるハングリージャックスの店舗と競合関係になった。コーウィンはバーガーキングを相手に訴訟を起こして勝利し、バーガーキングがフランチャイズ契約を破ったことで生じた損害の賠償として7500万ドルを受け取った。

2002年、バーガーキングはオーストラリア市場から撤退した。2007年現在、ハングリージャックス株式会社は非上場のハンバーガー・チェーンであり、ニュージーランドにも店舗を出している。

オーストラリアで展開しているハンバーガー・チェーンはほかにもあるが、規模から言えばマクドナルド、バーガーキング、ハングリージャックスの3社には及ばない。オーストラリアのハンバーガー・レストランは、オージーバーガーのほかにも、具材のオプションとしてビーツ、卵、ベーコン、パイナップルなどを提供している。ほかに独自のバーガーとして、牛肉とラム肉の合い挽き肉で作ったハンバーガーを出している店も多い。

ニュージーランドもオーストラリアの場合と同じく、第二次世界大戦中にアメリカ軍を通してハンバーガーが広まった。マクドナルド、バーガーキング、ハングリージャックス以外にも、地元のチェーンがいくつも生まれた。そのひとつ「バーガーフューエル」は、ファストフードの一般的なサイドメニューのほか、豪華なグルメバーガー（具材は牛肉、鶏肉、魚、ひよこ豆）を売っている。2001年創業の「ファーグバーガー」は、グルメハンバーガーを専門としている。一般的なハンバーガーも出しているが、それ以外にもファーグバーガーでは、チキン、ラム肉、魚のタラ、ファラフェル（中東風ひよこ豆のコロッケ）、鹿肉など、珍しい食材を具にしたバーガーを提供している。そのほかに朝食用のブレックファストバーガーもある。また、同店の「ビッグアル」は、極上のニュージーランド・ビーフのパティ2枚と、目玉焼き2枚、スライスベーコン数枚、チーズ、ビーツ、レタス、トマト、タマネギ、その他調味料を挟んでいる。ニュージーランドの多くのレストランでは、キウイバーガーが提供されている。これは、「キウイ」と通称されるニュージーランド人が好むサラダ――レタス、ハム、ゆで卵、ビーツ――をイメージしたバーガーだ。なお、マクドナルドのキウイバーガーはハムの代わりに牛肉のパティを使用していた（マクドナルドは2021年にキウイバーガーをメニューから外した）。

イギリス

イギリスに初めて進出したアメリカのハンバーガー・チェーンは、マクドナルドではない。その栄誉を受けるのはウィンピー・グリルズだ。1953年、ウィンピー・グリルズの創業者エドワード・ゴールドは、ロンドンの企業で1894年から喫茶店チェーン「ライオンズ・コーナーハウス」を営業していたジョーゼフ・ライオンズ商会に、イギリスでの営業権を買わないかと提案した。ライオンズ商会は、ロンドンにある自社の喫茶店「コヴェントリーストリート・コーナーハウス」で試験的にウィンピーのカウンターを開いた。ライオンズ商会の側からすると、これは最高のタイミングだった。そもそもハンバーガー文化は、すでに第二次世界大戦中にアメリカ軍によってイギリスにもたらされていた。1950年代初頭には牛肉の配給制度が終わり、イギリス国民には安価で新しいアメリカの食べ物を受け入れる下地ができていた。ライオンズ商会が１９５４年の「理想の住まい」展でウィンピーのハンバーガーを販売したときは、1週間あたり平均1万個のバーガーが売れた。ライオンズ商会はゴールドと正式に契約を結び、ウィンピーの店舗をオープンさせていった。アメリカで成長を続けていたファストフード・チェーン各社とは違い、ウィンピーではハンバーガーを皿に載せてカトラリーといっしょに出し、注文の品はウエーターがテーブルまで運んでいた。１９５７年、ライオンズ商会は「ウィンピー・バー」をイギリス全土でフランチャイズ展開するため、子会社「プレジャーフーズ」を設立した。

アメリカでは、ウィンピー・グリルズが経営不振に陥っていた。ゴールドが亡くなった１９７７年の段階で、残っている店は6軒しかなかった。それに対してイギリスでは、ウィンピー・チェーンは好調で、数百軒の店舗が営業していた。１９７４年、マクドナルドがロンドンに最初の店をオープンさせた。ウィンピーは大々的に広告を打ち始め、１９７６年には子供向けテレビ番組にＣＭを出した。それでもマクドナルドはイギリス全土に急速に広まり、20世紀末には全国に１０００以上の店舗ができた。

マクドナルドとの激しい競争にさらされた結果、ライオンズ商会はイギリス国内にあるウィンピーの全店舗をユナイテッドビスケッツ社に売り、その後それをグランドメトロポリタン社が買い取った。さらにグランドメトロポリタンは、バーガーキングを所有するピルズベリーも買収した。グランドメトロポリタンは、バーガーキングの方が事業として効率がよいと判断し、ウィンピー・バーの多くをバーガーキングに転換した。1998年の時点でイギリスにあるウィンピーのフランチャイズ店は、カウンターサービスのみの店舗280軒にまで減少していた。2002年には投資家グループがウィンピーを買収した。このように親会社は何度も変わったが、ウィンピーは新メニューの導入を続けてきた。「ビーンバーガー」は1987年に売り出され、1997年にはクォーンという肉代替食品を使ってベジタリアンでも食べられるようにした「クォーンバーガー」の販売を開始した。マクドナルドなど他のファストフード・チェーンとの競争で店舗数は激減しているが、それでもウィンピーは今も営業している中ではイギリスで最古のハンバーガー・チェーンである。

1957年、ゴールドとライオンズ商会は、チェーンをアメリカとイギリス以外にも広めるため新会社「ウィンピーズ・インターナショナル」を設立した。続く数十年のあいだにウィンピーの店舗は他の国々でオープンしたが、アメリカとイギリス以外で最も大きな成功を収めたのは南アフリカで、同国1号店は1967年にダーバンで開店した。以来、ウィンピーは南アフリカで業績を伸ばしている。

イギリスでウィンピーが成功し、マクドナルドとバーガーキングがそれに続いたのに刺激されて、イギリス発祥のハンバーガー・チェーンがいくつも誕生した。1958年、サム・アルパーがレディングにレストラン「リトルシェフ」の1号店をオープンさせた。ビーフバーガーを専門とするリトルシェフ・チェーンは徐々に拡大したが、親会社は何度か変わった。1996年にリトルシェフ・チェーンは、テレビ放送を中心とする複合企業「グラナダ」に買収された。それに先立つ1973年、「ハッピーイーター」というロードサイド・レストラン・チェーンが、マイケル・ピカードによって創業された。創業から7年でハッピーイーターは店舗数を21に増やしたが、その時点でイギリス企業「インペリアルグループ」に買収された。このハッピーイーター・チェーンを、グラナダは1995年に買収した。その2年後、ハッピーイーターの店舗はバーガーキングとリトルシェフに転換された。しかし、他社との競争は激しく、改善の努力も足りなかったため、リトルシェフは多くの店が閉店した（リトルシェフは2018年にすべての店舗が閉店した）。

「グルメバーガーキッチン」は、シェフのピーター・ゴードンがニュージーランド人2名とともに2001年にイングランド南部で開業したチェーンだ。この店は、栄養が最も豊富な農産品と、入手できる最も新鮮な材料を使っているとうたっている。店で提供されるハンバーガーは、牛肉にアバディーンアンガス種のスコッチ・ビーフを使用し、チーズにはチェダーチーズか、スティルトンチーズ、モッツァレラチーズ、またはブルーチーズを使い、ガーリックマヨネーズを添え、ソースとして、サテソース（東南アジアの串焼き用ソース）、チリソース、バーベキューソース、マンゴーソース、ジンジャーソースなど、多種多様なソースを用いている。このほかに加えられる食材として、ペスト（バジルソース）、ビーツ、卵、パイナップル、アボカド、ベーコンなどがある。また同店では、七面鳥の肉にハムとアボカドとキウイフルーツサルサを合わせた「キウイ・クリスマスバーガー」と、七面鳥の肉にスタッフィング（ローストチキン用などの詰め物）とベーコンとクランベリーソースを合わせた「ブリット・クリスマスバーガー」も出している。

イギリス発祥のバーガー・チェーンには、このほかに「ファインバーガーカンパニー」、「リアルバーガーワールド」（2006年に廃業）、「アルティメットバーガー」（2018年までに廃業）、「ハンバーガーユニオン」などがあり、特にハンバーガーユニオンは、自店のバーガーは「店内で手作りしたもので、使用している肉は、自然な環境で放牧し、牧草を食べさせて育てた牛の肉を炭火焼きにして使っている」とうたっている（ハンバーガーユニオンは2008年に廃業した）。

◉ヨーロッパ大陸諸国

アメリカのファストフード・チェーンは、今ではほぼすべてのヨーロッパ諸国で店舗を開いている。マクドナルドだけでも２００７年時点でヨーロッパの41か国に６０００以上の店舗を展開している。こうした店舗をきっかけに、各国で独自のハンバーガー・チェーンが生まれた。例えば、「ビッキーバーガー」はベルギーで多くの店舗を展開している。ハンバーガー・チェーンの「バーギー」は、１９８２年にミラノで創業した。マクドナルドは、イタリアでの事業拡大に苦労していたので、１９９６年にバーギーを買収した。スイスでは１９７５年に「ハロルズハンバーガー・スナックバー」がジュネーヴにオープンした。この店の看板メニューは「ハロルドバーガー」と言って、4分の1ポンド（約１１３グラム）の新鮮な牛挽き肉と、キュウリ、タマネギ、トマトのスライスを材料としている。また、もうひとつ珍しいバーガーとして、牛挽き肉とブルーチーズを混ぜて作った「ブルーバーガー」がある。オランダでは、ハンバーガーは自動販売機で売られるほど身近な食べ物になっている。

ドイツは、第二次世界大戦後に南部をアメリカ軍に占領されたため、ヨーロッパ諸国の中ですぐにアメリカのファストフード・チェーンから進出先に選ばれた国のひとつになった。１９６２年にA&Wレストランがドイツに店舗をオープンさせ、１９７１年にはマクドナルドが後に続いた。１９８９年にベルリンの壁が崩壊すると、マクドナルドは旧東ドイツ地域にすぐさま進出した。マクドナルドはスーパーマーケット「ウォルマート」と提携し、

オランダのアムステルダムにあるハンバーガーの自動販売機。

ドイツ国内のウォルマート内に店を出している。各店ではドイツ産のジャガイモと牛肉のみを使用しており、ドイツはマクドナルドが最も大きな成功を収めた市場のひとつになった。

フランスでは、マクドナルドが1972年に1号店をオープンさせた。1988年には、マクドナルドはフランスで一、二を争う人気ファストフード店になっていた。2007年現在、マクドナルドはフランス全土に1000以上の店舗を展開している。それに対してバーガーキングは順調とはいかず、1980年代初頭に1号店をオープンさせたが、1998年フランスで営業していた全39店舗を撤退させた（その後バーガーキングは2012年にフランスでの事業を再開し、2023年現在490以上の店舗を展開している）。

マクドナルドは1990年にモスクワ1号店をオープンさせ、以後、東ヨーロッパで徐々に店舗数を増やしている。世界一広いマクドナルドは、モスクワの赤の広場近くにある。オープン当時、ビッグマックのランチセットは値段が1週間分の給与と同じ金額だった。2007年現在、ロシアではマクドナルド1店舗あたり1日平均4万人の客が訪れている（2022年2月のロシアによるウクライナ侵攻を受けてマクドナルドは同年5月ロシアから完全に撤退し、店舗の売却先であるロシア企業が営業を引き継いだ）。

◉アジア

アメリカのファストフードは、ヨーロッパでは食習慣にすぐ組み込まれたが、東アジアの料理にはなかなかなじむことができなかった。しかし日本は、アメリカ軍に占領されたため、アメリカのファストフード店は比較的簡単に開業することができた。東京にマクドナルドの日本1号店がオープンしたのは1971年で、今では、来店者数で言えば日本で最も人気のあるレストランになっている。2005年の時点でマクドナルドは日本で3800の店舗を展開していた。

マクドナルドが日本で成功したのをきっかけに、アメリカ系以外のチェーンがいくつも生まれた。「モスバーガー」は、マクドナルドの日本1号店がオープンした翌年に誕生したチェーンで、モスバーガーの「モス（MOS）」は、Mountain（山）、Ocean（海）、Sun（太陽）の頭文字をとったものだ。カタジーナ・J・チフィエルトカ著『現代日本料理 *Modern Japa-*

マクドナルドはアメリカ国外にも進出している。写真は大阪のマクドナルド。2007 年。

nese Cuisine』によると、モスバーガーの創業者は、マクドナルドの店舗運営を事細かに研究して、その真逆を実践したのだという。モスバーガーは、安くて早いハンバーガーを次々と出すのではなく、材料の品質と安全性にこだわった。この戦略は大当たりし、会社は１９７２年に１号店をオープンさせると、１９９８年には店舗数が１５００に達した。モスバーガーは売り出す商品も非常に斬新で、例えば１９７３年に販売を開始した「テリヤキバーガー」は、今では日本のすべてのハンバーガー・チェーンがメニューに載せる定番商

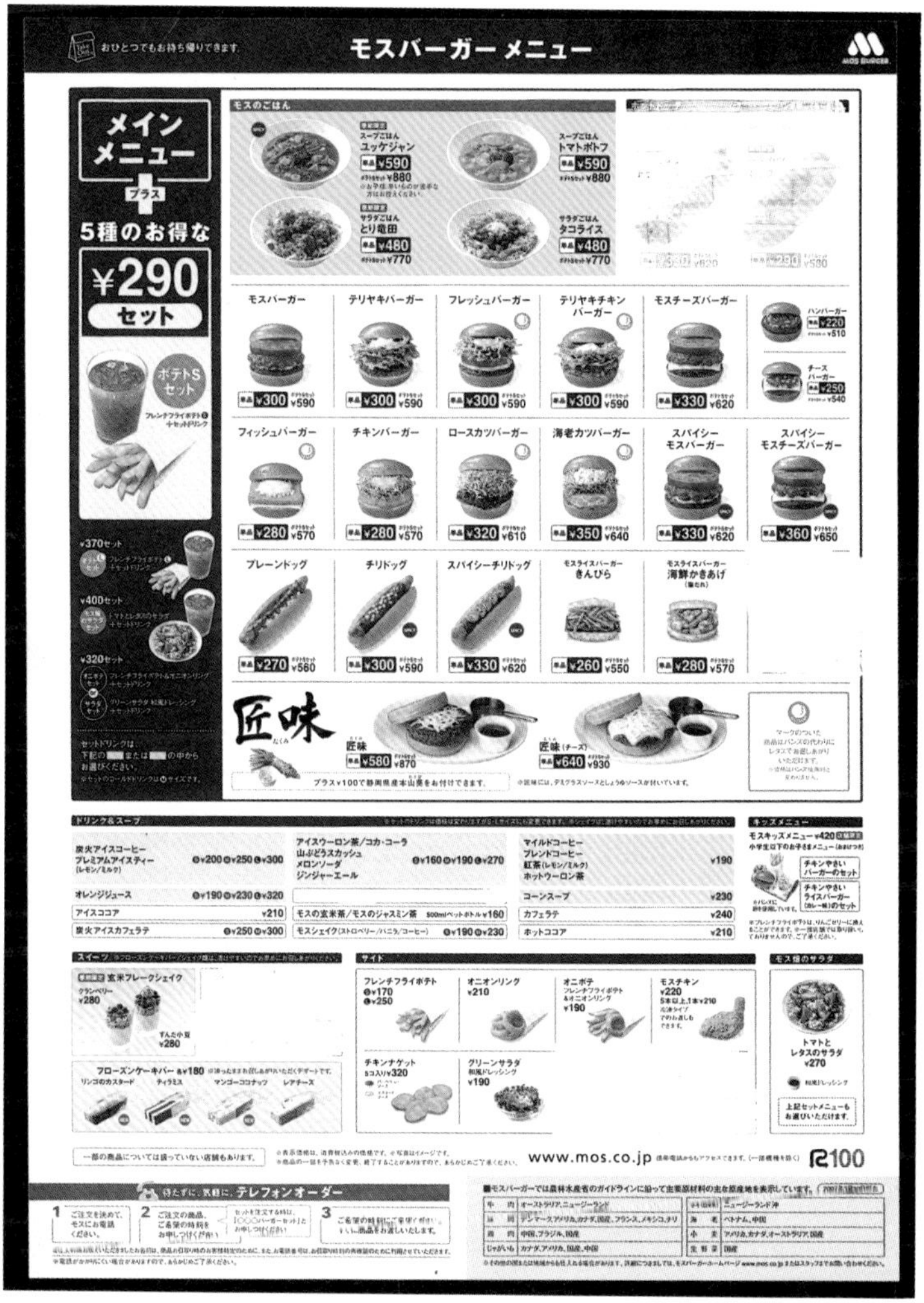

モスバーガーは、マクドナルドが日本１号店をオープンさせた翌年に創業した。メニューには多種多様なハンバーガーが並んでいた。

奈良にあるモスバーガーの店内。

品となっている。その後もモスバーガーは、「ライスバーガー」や、牛肉のパティに卵やベーコンなどを載せた「ニッポンのバーガー　匠味《たくみ》十段《じゅうだん》」などの新商品を発表した。

日本発祥のハンバーガー・チェーンには、ほかに「ロッテリア」と「フレッシュネスバーガー」がある。ロッテリアは、1972年に1号店をオープンさせた。モスバーガーとは違ってロッテリアはマクドナルドの方式に従い、ハンバーガーなどの食べ物を安い価格で売った。しかし1997年からはメニューを増やし始め、「てりやきバーガー」や「エビバーガー」など、違ったタイプのバーガーも出すようになった。フレッシュネスバーガーは、会社そのものは別の社名で1981年に創業され、1992年にハンバーガー・ショップの1号店を出した。2007年現在、同社は日本のほか韓国と香港で合わせて250店舗を展開している（2023年現在、フレッシュネスバーガーは韓国と香港から撤退しており、店舗数は163である）。

フレッシュネスバーガー。大阪、2007 年。

マクドナルドと日本発のチェーンが成功を収めたため、アメリカの他のハンバーガー・チェーンは日本市場になかなか入り込めずにいる。例えばバーガーキングは、日本1号店を1993年にオープンさせたが、2001年、在日米軍の空軍基地と海兵隊基地にある店を除く全店舗を閉鎖した。しかし、日本のハンバーガー・チェーンであるロッテリアの協力を得てバーガーキングは日本に再び出店する予定になっている（2007年にバーガーキングは日本に再進出するが、その後ロッテリアを離れ、2017年からは別の運営会社が日本での事業展開を担っている）。

アメリカのハンバーガー・チェーンと同様、日本のチェーンも他の国々に進出した。モスバーガーは、中国、台湾、シンガポール、香港に店舗を持っている（２０２３年現在、これらの国・地域に加え、タイ、オーストラリア、韓国、フィリピンにも進出している）。ロッテリアは、韓国、台湾、中国、ベトナムに店舗を開いている（現在、日本と韓国のロッテリアは別法人であり、日本のロッテリアは２０２３年に日本の外食大手ゼンショーに買収された）。韓国では、ロッテリアはマクドナルドを押しのけて韓国一の人気を誇るハンバーガー・チェーンになっている。韓国のロッテリアを代表する商品が「キムチバーガー」で、これは牛肉にキムチとニンニクのみじん切り、および卵を混ぜたものを材料にしている。ほかにも韓国のロッテリアは、青陽《チョンヤン》唐辛子を使った「チョンヤンコチュバーガー」や、「パプリカベーコンビーフバーガー」、「韓牛プルコギバーガー」、激辛の「燃えるイカバーガー」など、ユニークな商品を販売している。

マクドナルドが東南アジアに最初の店舗をオープンさせたのは１９７９年だった。その後は台湾、香港、韓国、中国に出店していった。マクドナルドが北京で店を開いたときは、来店してハンバーガーを食べようと何千人もの人が列を作って何時間も待った。２００５年の時点で、マクドナルドは中国に５４６以上の店舗を展開していて、さらに多数の店舗が中国各地で建設中だ。東アジアでは、客たちはマクドナルドのどこへ行っても変わらない点と平等主義的な雰囲気に魅力を感じているが、マクドナルドが昔から採用していた方式の一部は受け入れられなかった。例えば、「客は食事が終わったらすぐに店を出る」という考えは東アジアでは通用しないらしく、多くの客は、ファストフードの「ファスト（速い）」

とは「料理を速く出す」という意味であって「料理を速く食べる」という意味ではないと考えているようだ。

　フィリピンでは、ハンバーガーは第二次世界大戦より以前にアメリカ人によって持ち込まれていたが、ハンバーガー・チェーンがやってくるのは独立後ずいぶんたってからだった。フィリピン人から「マクド」と呼ばれているマクドナルドは、1981年に1号店をオープンさせ、その後バーガーキングも店を出した。両社ともアメリカで売っているのと同じバーガーを販売しているが、炊いたご飯も出している店が多い。フィリピン発祥のチェーンに、1975年創業の「ジョリビー」がある。ジョリビーを代表するハンバーガーは、具材を何から何まで載せたバーガー「ビッグチャンプ」だ。ジョリビーはフィリピン最大のファストフード・チェーンで、最近はアメリカと香港にも店をオープンさせている。

　インドで最初のハンバーガー・チェーンは、意外にもインドの会社で、社名を「ニルラズ」と言い、1950年代にファストフードであるハンバーガーとチップスの販売を開始した。メニューには、フレッシュチーズとクルミで作った「ナッティーパニールバーガー」、チリソースのかかった「マトンマニアックバーガー」、チキンバーガーである「フレンチフリップバーガー」、乾燥エンドウ豆で作った「クレージーピーバーガー」などがある。2007年現在、ニルラズはマレーシアの投資会社が所有している（その後ニルラズは2018年にインドの投資ファンドに買収された）。マクドナルドは、インド北部の「コノートプラザレストランズ社」とインド西部の「ハードキャッスルレストラン社」というインド企業2社の協力を得て、1996年インド市場に参入した。当初マクドナルドはインドの民族主義グループから出店を反対され、アメリカと同じ商品はなかなか売れなかった。これを克服するため、インドのマクドナルド・フランチャイズ店は、ジャガイモとエンドウ豆のコロッケをパティにして、トマトとタマネギと各種スパイスで味つけした「マックアルーティッキバーガー」を開発した。また非ベジタリアン向けに、チキンのパティを使った「マハラジャマック」を考案した。インドでは、マクドナルドはインド産のスパイスを使用し、各フランチャイズ店はベジタリアン用と非ベジタリアン用で食器と商品を細心の注意を払って分けている。バンズにはインド産の小麦を使っている。マックアルーティッキバーガーはインドで一番売れているバーガーで、今ではインドのマクドナルドによって中東に輸出され、現地で大好評を博している。

パキスタンでは、マクドナルドは1998年に1号店を開き、2006年の時点で18の店舗を展開している。ハンバーガーは、市場や商店街の近くにある昔ながらの露店でも売られている。一番有名なバーガーは「シャミバーガー」で、これはレンズ豆とラム挽き肉で作ったパティに、トッピングとしてタマネギ、スクランブルエッグ、ケチャップなどを添えたものだ。マレーシアでは、マクドナルドが300以上の店舗を開いているが、現地発のハンバーガー・レストランも、1979年創業の「ラムリーバーガー」など、いくつか存在している。ラムリーバーガーでは牛肉または鶏肉のパティに、タマネギ、卵、キャベツ、チーズ、キュウリ、ニンジンの千切り、一般的な調味料などを添えることができる。

中東では、マクドナルドもバーガーキングも、トルコ、ヨルダン、アラブ首長国連邦（UAE）、カタール、レバノン、クウェートなど、多くの国でフランチャイズを展開している。サウジアラビアでは、各ハンバーガー・チェーンは食品に関するイスラーム法を守っている。イスラエルでは、ユダヤ教の食事規定を厳格に守るチェーンがあるし、多くの店舗は「肉と乳製品をいっしょに使った料理を食べてはならない」とする規定を守って、チーズバーガーは提供していない。バーガーキングは、アフガニスタンとイラクでもアメリカ軍基地の周辺で店舗を運営している。ジョニーロケッツは、バーレーン、UAE、カタール、クウェートに店舗がある。中東の全域で、ハンバーガーはおしゃれなレストランだけでなく通りの屋台でも販売されている。中東の一部の国では、例えばレバノンの「ジューシーバーガー」など、地元のハンバーガー・チェーンが誕生している。

中東にあるアメリカのハンバーガー・フランチャイズ店は、そのときどきの政治状況で好景気に沸くこともあれば逆境にさらされることもある。例えば湾岸戦争でイラクに占領されたクウェートが1991年にアメリカ主導の多国籍軍によって解放された後、しばらくしてマクドナルドがクウェートに店舗を開くと、入店待ちする車の列ができ、その長さは11キロメートル以上になった。他の中東諸国では、ハンバーガー店はアメリカと結びつけられ、破壊されたり火炎瓶を投げつけられたりしたことがある。ファストフードは、中東に住む多くのイスラーム教徒が望むものとはまったく異なるライフスタイルを象徴しているのだと、ベンジャミン・R・バーバーは深い考察を重ねた著書『ジハード対マックワールド』で指摘している。

●ラテンアメリカとカリブ海地域

アメリカのファストフード企業は、ラテンアメリカとカリブ海地域の全域で事業を展開している。メキシコでは、ハンバーガーは大都市部ではアメリカのファストフード・チェーンで売られているが、農村部など地方では地元の店で売られている。アルゼンチンでは、マクドナルドとバーガーキングが圧倒的な存在感を示している。この両チェーンに刺激されてアルゼンチン発祥のハンバーガー・チェーンが生まれており、そのひとつ「カルリートス・デ・ヘセル」は何種類ものハンバーガーを販売している。アルゼンチンは、世界中のハンバーガー店に牛肉を供給している。「クイックフード社」や「フィネクスコル社」(アメリカの多国籍

ハンバーガーは世界の隅々にまで広まっていて、上の写真のようにメキシコ・ユカタン州の「のどかな」マニ村でも食べられている。

企業「カーギル」の子会社）といったアルゼンチンの企業が、大きさ・重量・脂肪含有量が完全に均一な超冷凍ハンバーガー・パティの製造を専門に請け負っている。真空パックした冷凍パティは全世界に出荷されている。

ブラジルでは、１９７１年に「マクドナルド・コメルシオ・ジ・アリメントス社」（子会社の正式名称。現社名は「アルコス・ドウラドス・コメルシオ・ジ・アリメントス社」）が設立された。２００２年の時点で、ブラジルにある26州のうち21州と連邦区（首都ブラジリア）に合わせて６１９の売店と５７２のレストランがあった。半数以上は会社の直営店で、残りは１４２のフランチャイズ契約者が経営している。２００１年には、ブラジル国内にあるマクドナルドの全レストランを5億1400万人が利用したと推計されている。マクドナルドは、ブラジル最大の雇用主でもある。ブラジルのチェーン「ボブズ」は、アメリカ出身のテニスプレーヤー、ボブ・ファルケンバーグが1951年に創業した。2007年現在、ボブズはブラジルでマクドナルドに次ぐ第2位のファストフード・チェーンで、ブラジル以外の国でも事業を開始している。このチェーンでは、特製スパイスをかけたハンバーガーを売りにしたなバーガーとポテトのスタンダード・セットと、ミルクシェイクを出している。

◉アフリカ

アフリカでも、ファストフードのハンバーガー・チェーンは一定の広がりを見せている。マクドナルドがアフリカ初の店舗を開いたのは1992年で、場所はモロッコのカサブランカだった。南アフリカでは、アパルトヘイトが終わった後にマクドナルドの店がヨハネスブルクにオープンした。地元のハンバーガー・チェーンも健闘している。南アフリカのレストラン・チェーン「スティアズ」は、ハンバーガーを販売しており、その親会社「フェイマスブランズ」は、南アフリカでハンバーガー・チェーンのウィンピーも運営している。ナイジェリアでは、複合企業「ユナイテッド・アフリカン・カンパニー・オヴ・ナイジェリア」

が運営する「ミスタービッグス」が1960年代にスタートした。ハンバーガーを販売しているが、人気があるのはナイジェリアの伝統的な食文化ともっと関係が深い食べ物だ。ナイジェリアで2番目に大きなファストフード・チェーン「タンタライザーズ」は、1997年創業で、さまざまなハンバーガーのほか、ミートパイ、フライドライス、フライドチキンを販売している。

◉グローバル化に伴う問題

アメリカのハンバーガー・チェーンは1970年代に急速に海外に広まったが、その過程で深刻な文化の壁に突き当たった。アメリカでは、客は列を作って注文の順番が来るのを待つものと理解されているが、そうするのが必ずしも当たり前ではない国もある。マクドナルド方式は客が食べ物を受け取る前に代金を支払うことを前提としているが、言うまでもなくこの順番は、席に座って食事をするレストランとは真逆で、それはアメリカであっても変わりはない。アメリカのファストフード・チェーンは客の回転率が高いことを前提に業務を設計しているが、アメリカ以外の多くの国では、食事は素早く済ませるべきものとは考えられていない。ジェームズ・L・ワトソンは、著書『マクドナルドはグローバルか：東アジアのファーストフード』〔前川啓治・竹内惠行・岡部曜子訳。新曜社。2003年〕で、マクドナルドの前に立ちはだかった数々の問題を指摘している。例えば、従業員への指導項目に笑顔で接客することがあった。笑顔での接客はアメリカでは当たり前のことだが、モスクワや中国では、一般に飲食業の従業員は笑顔で応対しないので、客からはむしろ胡散臭いと思われた。初めて来店した客の大半は、ハンバーガーとはどんなもので、どうやって食べればいいのか分からなかった。ほとんどの国では、客はマクドナルドでの食事にすんなりと慣れたが、国によっては、マクドナルドの方が現地の習慣に合わせるため業務手順を変更しなくてはならないケースもあった。

世界中に急速に拡大したため、アメリカのハンバーガー・フランチャイズ店はグローバル化を目に見える形で示す象徴と見なされ、そのせいで、グローバル化に反対する人や、アメリカの政策に激怒した人から標的にされることが多い。デモ隊がアメリカの政策に対する抗議として、あるいはファストフードという考えそのものへの反発として、世界各地でファストフード店を襲撃したり破壊したりすることも少なくない。こうした問題を避けるため、どのハンバーガー・チェーンも全力で事業のローカライズ（現地化）に取り組んできた。ほとんどのファストフード・チェーンは、現地の人々によって管理・運営されている。また、基本的な食材は大部分を所在国で調達するよう努め、できるだけ現地の農家から購入して、やむをえない場合に限り外国から輸入するようにしている。

問題となりかねない文化衝突を避けるため、アメリカに本社を持つハンバーガー・チェーンは現地のライフスタイルに溶け込む努力を続けている。例えばインドでは、ベジバーガーやチキンマハラジャマックを注文できる。イスラーム諸国では豚肉製品を販売していない。ドイツのマクドナルドではビールが提供され、フランスではワインが出されている。イタリアではエスプレッソとサラダが売られている。ウルグアイでは「マックウエボス」（ポーチドエッグをバンズで挟んだバーガー）が売られている。ドイツではフランクフルター・ソーセージが提供されている。オランダのマクドナルドにはメニューにベジタリアン用のバーガーがあり、ノルウェーでは「マックラクス」（サーモンバーガー）が提供されている。フィンランドには、バンズとして一般的な小麦粉のパンではなく、ライ麦粉で作った楕円形の黒パンを使ったハンバーガーもある。トルコでは、冷たいヨーグルトドリンク「アイラン」が出されている。台湾のマクドナルド店ではコーンスープを販売している。日本、台湾、香港ではメニューに「てりやきマックバーガー」があるし、タイでは「サムライポークバーガー」を出している。ハンバーガーに目玉焼きを加えた「キウイバーガー」は、ニュージーランドでは一番売れ筋の商品だ。アルゼンチンのメニューには、ハンバーガーにチーズを加えた「マックニフィカ」がある。シンガポールでは「マックペッパー」が売られている。アテネには、ピタパンで牛肉のパティを挟んでヨーグルトソースをかけた「グリークマック」がある（以上の商品の一部は、2023年現在販売されていない）。

こうした新たなアイデアバーガーは、すべてが成功したわけではない。2002年、ノルウェーのマクドナルドは、「アフリカの味」を再現したとする「マックアフリカ」を新発売した。当時アフリカ南部は大洪水と干魃《かんばつ》と飢餓という大災害の真っただ中にあった。そのためマクドナルドに、何百万もの人々が飢えに苦しんでいるときにアフリカという名前で金もうけするべきでないという抗議の声が寄せられた。

メニューだけでなく業務手順もローカライズされている。アメリカ国外のハンバーガー・フランチャイズ店は、アメリカの一般的なファストフード方式に必ずしも従っているわけではない。ブラジルのリオデジャネイロでは、店内にキャンドルをともし、ウエーターがハンバーガーにシャンパンを添えて給仕している。ベネズエラの首都カラカスでは、ホステスが客を席に案内し、注文を取って食事を運ぶ。韓国のマクドナルド店では、ピーク時になると店員が客に相席をお願いしている。

ファストフード・チェーンがアメリカ以外で成功した理由はいくつもある。大半のチェーンは、販売するハンバーガーの食材を見直すなど、外国文化に適応してきた。親切で効率的な接客と食事のおいしさ以外で成功に貢献した要因としては、清潔さ、家族的な雰囲気、トイレ、エアコン完備が挙げられる。

ハンバーガー企業は、全世界で急速に成功を収める一方、世界各地の文化や経済に与えた影響については激しく批判されてきた。ファストフードをめぐる栄養・環境・文化に関する深刻な問題は今も未解決のままだ。食べ物の選択肢が均質化していく流れが世界規模で続いているため、一部の人からファストフード・チェーンの急拡大は、現地の文化や食に関する価値観をひそかに破壊する悪質なアメリカ帝国主義の一例だと見なされている。

ローマに初めてマクドナルドの店舗がオープンしたとき、イタリアの食がアメリカナイズされることへの抗議や懸念の声が上がった。イタリア北西部出身のマルクス主義ジャーナリスト、カルロ・ペトリーニは、食の産業化によって食べ物の味は画一化され、地元や地域の食べ物がいくつも消えていくだろうと考えた。１９８６年、彼はイタリアのバローロ村で61名の仲間とともに「アルチゴーラ」という組織を結成した。3年後にこのアルチゴーラから生まれたのが「国際スローフード協会」である。本部は現在イタリアのブラに置かれている。主要刊行物は、スローフード運動の公式雑誌『スロー：味の国際報道誌 *Slow: The International Herald of Tastes*』だ。２００７年現在、スローフード協会は50か国で活動しており、世界中に会員が8万人以上いる。スローフードＵＳＡは、会員1万２０００人を有する非営利の教育団体で、１４０の「コンヴィヴィウム」（支部）に分かれている。団体の目的は、消滅の危機にある食習慣を守ること、動物の品種や昔から伝わる果物・野菜の品種など地元で受け継がれてきた食の伝統を顕彰すること、および職人技で作られた物を推奨することである。また、教育イベントや一般向けの啓発活動を通じて、経済的な持続可能性と生物多様性の大切さも訴えている。

これよりもっと直接的な行動に出た人物に、フランスのチーズ生産農家ジョゼ・ボヴェがいる。1999年にアメリカは、ヨーロッパ連合が成長ホルモンを投与されたアメリカ産牛肉の輸入を認めないことへの対抗措置として、アメリカに輸入されるロックフォールチーズに関税をかけた。これに激怒したボヴェは、自分が所属する過激な集団「農民同盟」とともに報復を決意し、フランスの町ミヨーで建設中だったマクドナルド店をトラクターで破壊した。ボヴェは、自分の行動はグローバル化への抗議だと言った。裁判にかけられたときは、彼の支持者3万人が裁判所の前に集まり、「クソマックは要らない（Non à McMerde）」と書かれたプラカードを掲げてデモをした。ボヴェは建造物損壊で有罪となり、フランスの刑務所で3か月の刑期を務めた。さらに、彼と支持者たちは遺伝子組み換え作物をブラジルで試験栽培中だった研究施設を破壊し、その後もグローバル化に反対するデモに何度か参加している（参加したデモの一部は暴動に発展した）。

グローバル化に反対する暴力的な抗議活動だけでなく、国際的な事件や活動に関連した暴力にもハンバーガー・チェーンはさらされてきた。例えば、1979年にサンサルバドルでマルクス主義ゲリラ組織が、「帝国主義国家アメリカ」に対する攻撃だと言ってマクドナルドの店舗を爆破した。1999年のユーゴスラヴィア空爆中にアメリカ軍機が誤ってベオグラードの中国大使館を爆撃したときは、北京にあるマクドナルドが中国人学生たちに襲撃された。無政府主義者たちは、コペンハーゲンでマクドナルドの店を破壊し、パリとロンドンでは定期的にマクドナルドの店舗で抗議活動をしている。サンクトペテルブルク、アテネ、リオデジャネイロでは、マクドナルドの店舗が爆破されたことがある。アントワープではマクドナルドがベジタリアンたちに放火されたし、ロンドンにあるマクドナルドも破壊されたことがある。2000年には、フランスのブルターニュ地方にあるマクドナルドの店で爆弾が爆発し、27歳の従業員1名が死亡した。この事件では、「ブルターニュ革命軍」の隠れ蓑と見なされている組織「エムガン」の活動家5名が逮捕された。また以前の章でも少し触れたが、2001年にインドのムンバイでは、500名のヒンドゥー教徒が、マクドナルドは牛脂で揚げたフライドポテトを出している思って（実際にはインドで提供される商品に牛脂は含まれていなかった）激怒し、マクドナルドの店舗を襲って店の前のドナルド人形に牛の糞を塗りたくった。2002年、インドネシアのバリ島にあるマクドナルドが、インドネシア人テロリストによって爆破された。2003年にアメリカ軍がイラクを攻撃すると、多くの都市で抗議活動が起こり、マクドナルドが再びデモの標的となった。モスクワでは、マクドナルドの店舗が爆破された。

暴力行為の原因としては、これ以外にもうひとつ、犯罪がある。2001年、中国の西安にあるマクドナルドの店舗で爆弾が爆発し、2名が死亡した。爆破犯は2年後に有罪判決を受けたが、この犯人は事件前に、経営者に金銭を要求する脅迫状を送りつけていた。

●世界規模での成功

アメリカでは、ハンバーガー・チェーンはすでに成熟産業だと考えられている。アメリカの外食産業で競争が激化する中、1店舗あたりの収益は下がっている。大手ファストフード・チェーンは、さらなる成長のため他国に目を向けている。さまざまな問題はあるものの、アメリカのハンバーガー・チェーンは世界中で目を見張るほどの成功を収めてきた。彼らが特にターゲットとしているのは、上昇志向が強くて仕事に忙しい他国の中間層だ。客たちが魅力を感じている点は、効率のよさ、信頼感、どの店でも同じものが出てくる安心感、清潔さ、それと誰もが使えるトイレである。多くの国でアメリカ式のハンバーガーは、カジュアルな食事の中ではどれよりも値段が安い。それに、客たちがアメリカのファストフードに群がるのは、それがアメリカのものだからだ。最初に登場したときは奇抜と思われたアメリカのファストフード店は、あっという間に安全、便利、楽しさ、親しみやすさ、安心できる場所、現代らしさ、世界とのつながりといったものを示すシンボルになった。

世界中の多くの人にとってアメリカのファストフードは、豊かさと斬新さを象徴するものであり、多くの人が「よい生活」と考えるものを表している。しかし批判的な者にとっては、このハンバーガー・チェーンこそ、アメリカの傲慢なライフスタイルとアメリカによる世界の文化支配とを象徴するものなのである。

第7章◉ハンバーガーの現在とこれから

食品製造に効率が持ち込まれたことで、アメリカ人の食べるものとアメリカ人の暮らし方は大きく変わった。もっとも、ドライブスルーより先に効率重視を導入したのは自動車産業だった。20世紀初頭、効率性の権化ヘンリー・フォードは、自動車を効率的に製造することができれば安い値段で売れるし、そうなれば車1台1台でもうけは出なくても大量に売ることで利益を上げることができるはずだと考えた。1913年、フォードはコストを低く抑えるため、T型フォードの生産に移動式組み立てラインを導入した。従業員ひとりひとりに割り当てられた作業は繰り返しの多い退屈なものだったが、フォードは従業員たちに比較的まっとうな時給を払い、生涯この会社で働くことを強く求めた。1921年創業のホワイトキャッスルはフォードの考えを採用し、安いハンバーガーを提供して売上数を伸ばすことで利益を上げようとした。フォードと同じようにホワイトキャッスルも、従業員とその家族の主要な医療費をまかなう基金を設立したり、現金で特別手当を支給する利益分配システムを作ったりした。

効率は、「スピーディー・サービス・システム」と呼ばれたマクドナルド方式にとっても大切な要素だった。リチャードとモーリスのマクドナルド兄弟は、ハンバーガー、フライドポテト、およびドリンクの調理と包装から不要な手順を綿密に洗い出して削っていった。時間の節約になる最新設備も導入し、キッチンは最大の効率を発揮できるように設計した。しかし、人事についてはフォード方式に従わず、マクドナルドの従業員は最低賃金しか払われ

ハンバーガーは1960年代に社会的なアイコンとなり、ハンバーガーの写真やイラストが、上の有名なTシャツをはじめ、ありとあらゆる流行グッズに印刷された。

なかったし、各種手当もいっさいなかった。兄弟が作り上げたこのシステムは、その後50年のあいだにマクドナルドなど各チェーンによってさらに整備されていった。

今日では、ほとんどのファストフード・チェーンと多くのフルサービス・レストランが冷凍食品を使っている。ハンバーガーのパティも、チキンも、タコスの具も、バンズもポテトも、みんな冷凍だ。チェーンの中には、商品の規格統一を確実にするため実際にベルトコンベヤーと組み立てラインを使っているところさえある。従業員はまったく同じ制服を着て、事細かに定められた同一の方法で客に挨拶するよう訓練を受ける。キッチンには、従業員に何をすべきか知らせるためのブザーや点滅灯がいくつも設置されている。レジはコンピューター制御されていて、自動的に命令を出す。

ファストフード各社は、納入業者に自分たちのどんな要求でも飲ませられるほど大量に商品を購入し、値引き交渉を行なっている。納入業者は、ファストフード・チェーンとの契約を履行するため従業員への給料を減らし、さらには、自社の衛生・安全基準も引き下げているという噂さえある。

『マクドナルド化する社会』の著者ジョージ・リッツアは、ファストフード業界は他の大切な人間的価値よりも効率を推し進めてきたと主張している。リッツアによると、業界がひたすら効率を追求したことでアメリカ人の生活は均質化され、しかもファストフードがグローバル化したせいで、今では世界中でも人々の生活の均質化が進行しているという。

●もっとおいしいバーガーを作ろう

ハンバーガーは、学問研究の対象になっただけでなく、ポップカルチャーの一部にもなった。クレス・オルデンバーグやアンディ・ウォーホルといったアーティストたちは、ハンバーガーを食べるだけでなく作品の題材としても利用した。オルデンバーグの作品「ハンバーガー *Hamburger*」「2個のチーズバーガー、全部添えて *Two Cheeseburgers, with Everything*」「フロアバーガー *Floor Burger*」や、ウォーホルの作品「ハンバーガー *Hamburger*」「ダブル・ハンバーガー *Double Hamburger*」は、アメリカ中で話題になった。どこにでもあるハンバーガーは、Tシャツの柄にもなったし、灰皿からバットマンのオートバイまで、ありとあらゆる流行グッズのモチーフにもなった。『宇宙家族ジェットソン』や『アメリカン・ダッド』といったテレビアニメや、ロビン・ウィリアムズ主演『ハドソン河のモスコー』などの映画では、ハンバーガーが重要な役割を担っていた。マクドナルドなど有名なハンバーガー・チェーンも、数々の映画に登場している。俳優がハンバーガーを食べるシーンが映画になくても、撮影現場でハンバーガーを食べているところを写真に撮られることはあり、例えば映

アンディ・ウォーホル「4つのハンバーガー *Four Hamburgers*」。1985～86年ごろ。合成ポリマー絵具、シルクスクリーン・インク、カンヴァス。

ポップアーティストのクレス・オルデンバーグは、いくつかの作品で題材としてハンバーガーを使った。上は、そうした作品のひとつ「2個のチーズバーガー、全部添えて（2連ハンバーガー）*Two Cheeseburgers, with Everything (Dual Hamburgers)*」。1962年。カンヴァス、発泡ゴム、段ボール箱、ラテックス塗料、リキテックス（水性アクリル絵具）。

画『シンシア *Cynthia*』撮影中のジェームズ・ライドンとエリザベス・テイラーを撮った写真が残っている。ハンバーガーは非常に「アメリカ的」なので、アメリカで公職に立候補する政治家のほぼ全員が、ハンバーガーを食べているところを写真に収めてもらいたがる。ヒラリー・クリントンはその好例だ。また、ハンバーガーの大きな模型がジャクソン5《ファイブ》などミュージシャンの舞台セットに使われたこともある。コカ・コーラなどソフトドリンクの会社は、ハンバーガーの人気が非常に高いことに注目し、自社製品を宣伝するときにハンバーガーの視覚イメージといっしょに広告したことがあった。

何人ものシェフたちが、自分こそ「世界で一番大きなハンバーガー」を作ったと主張してきた。またそれとは別に、多くのシェフがハン

ハンバーガーは、2005年のテレビアニメ『アメリカン・ダッド』の「国土安全非保障 Homeland Insecurity」の回に登場した。

ハンバーガーは、アメリカではとてもありふれたもので、『宇宙家族ジェットソン』（1962～87）などテレビの連続番組に頻繁に登場した。

バーガーをおいしくしようとコンテストを通じて努力してきた。そうしたコンテストで最も有名なのが、ケーブルテレビ局「フードネットワーク」が放送し、カリフォルニア州セントヘレナにあるワイナリー「サッターホーム」が後援する「もっとおいしいバーガーを作ろう・全米料理コンテスト Build a Better Burger National Cook-Off」（現「もっとおいしいバーガーを作ろう・レシピコンテストBuild a Better Burger Recipe Contest」）だ。このコンテストは、1990年に始まって以来、斬新で創意あふれるハンバーガーの考案を後押ししてきた。カテゴリーには、伝統的な「ビーフバーガー」部門と「代替バーガー」部門のふたつがある。コンテスト参

ジェームズ・ライドンとエリザベス・テイラーが出演した映画『シンシア *Cynthia*』は、ファンの評価は今ひとつだったが、1947 年の撮影当時、ふたりは現場でハンバーガーを食べていた。

ジャクソン5（左からランディ・ジャクソン、マーロン・ジャクソン、ジャッキー・ジャクソン、ティト・ジャクソン、マイケル・ジャクソン）と、ハンバーガーの上に乗る俳優マッケンジー・フィリップスの写真。1976 ～ 77 年。

ミュージシャンのピーター・フランプトンとビージーズが出演した映画『サージャント・ペッパー』(1978年)にも、マスタードがしたたり落ちる巨大ハンバーガーが登場した。写真は左からバリー・ギブ、モーリス・ギブ、俳優のジョージ・バーンズ、ピーター・フランプトン、ロビン・ギブ。

アメリカで公職に立候補した者たちには、ハンバーガーを食べているところを写真に撮られたがる者が多い。上の写真は、民主党の大統領候補指名を争っていたヒラリー・クリントンが、2007 年 10 月 8 日にアイオワ州で食事に立ち寄ったところ。

完成当時は世界最大と言われたハンバーガー。アメリカ、ニュージャージー州、2006 年 12 月 17 日。

ハンバーガーとの相性のよさをアピールするコカ・コーラの広告。

加者は、さまざまな珍しい食材を使う。これまで使われてきたものには、タイ風ピーナッツペスト、タマリンドソース、ほうれん草、アボカドソース、パイナップル、ピスタチオナッツ、ヤギのチーズ、コールスロー、小エビ、クランベリー、ピーカンナッツなどがある。2004年に優勝賞金が5万ドルになり、「もっとおいしいバーガーを作ろう」コンテストはアメリカで5本の指に入る高額賞金の料理コンテストになった（2023年現在の優勝賞金は2万5000ドル）。2006年の優勝者は社会学教授のカミラ・ソールズベリーで、彼女は「バークリー生まれバーガー」を出品した。これは、具材に熟成させたテレメチーズ、ルッコラとイチジクのトッピング、ペッパーベーコン、フェンネルを使ったベーコンチーズバーガーだ。準優勝はアリゾナ州ギルバートから参加のジェニー・フレークで、彼女の「フェタチーズのフィレンツェ風バーガー」は、プロシュット（イタリアハム）を、パルメザンチーズを振ってトーストしたチャバタ（イタリアパン）で挟んだバーガーだった。

◉世界一高額なハンバーガー

ハンバーガーは、この数十年間にさまざまな変化を次々と経験してきた。100年以上のあいだ、ハンバーガーは労働者階級や中間層の食べ物で、屋台商やドライブイン・チェーンが宣伝・販売してきたが、20世紀末には高級料理の世界に入った。

1975年、ニューヨークの有名なレストラン「21クラブ」（2020年から無期限で営業休止中）は、「21バーガー」を21ドルの値段で売り出した。このバーガーは「ヌード」つまりバンズなしで提供された。ハンバーガー通の人々は、これぞ「世界最高のバーガー」だと断言したし、実際間違いなく当時としては世界一高額なハンバーガーだっただろう。2001年、ニューヨークで4つ星シェフのダニエル・ブーリュが、エレガントな「レストラン・ダニエル」のカジュアル版「DBビストロ・モデルヌ」をオープンさせた。この店のメニューに載っていたのが「DBハンバーガー」で、これはサーロインの挽き肉を使ったパティの中に、栄養豊富で肉質のやわらかい牛のショートリブと、フォアグラやトリュフを入れたハンバーガーだった。値段は29ドルだったが、たちまち大ヒット商品となり、『ニューヨーク・タイムズ』紙や料理専門誌に取り上げられた。これが一種の挑戦状となり、他のレストラン経営者たちは「最高のバーガー」――味はもちろん、値段も最高のバーガー――の称号をめぐって競い始めた。

2005年、マイアミのレストラン「プライム112」が、神戸ビーフのハンバーガーを1個30ドルで売り出した。またペンシルヴェニア州クリアフィールドにある「デニーズ・ビアバレル・パブ」は、いささかエレガントさには欠ける名前だが、「ビアバレルベリーバスター（ビール腹を破るもの）」を売り出した。これは、4・5キログラム以上ある牛挽き肉のパティと、スライスチーズ25枚、レタス、トマト、タマネギを、調味料をたっぷり塗ったゴマ付きバンズで挟んだバーガーで、値段は23・95ドルだった（が、後に30ドルに値上げされた）。ニューヨークの老舗レストラン「オールドホームステッド・ステーキハウス」のオーナー、マーク・シェリーは、具材に神戸ビーフ、ロブスター、マッシュルーム、マイクログリーン（若芽野菜）を使い、それをパルメザンチーズのツイストロールパンで挟んだハンバーガーを41ドルで提供した。ダニエル・ブーリュは、ハンバーガーに加えるトリュフのスライスの枚数を増やして値段を50ドルにアップさせた。ラスヴェガスのショッピングモール「マンダレープレース」にある「バーガーバー」（2021年に閉店）は、食材に神戸ビーフとフォアグラとトリュフを使った「ロッシーニバーガー」を60ドルで提供した（このバーガーは、フランス料理「トゥルヌド・ロッシーニ」をヒントにしたものだ。「トゥルヌド・ロッシーニ」とは、厚い牛ヒレ肉ステーキにフォアグラとトリュフを添えたもので、料理名は19世紀のオペラ作曲家で美食家でもあったジョアキーノ・ロッシーニにちなんでいる）。ダニエル・ブーリュは挽回のため、トリュフの量を倍にした「DBハンバーガー・ロワイヤル」を99ドルで提供した。この一品はトリュフのシーズンだけに出され、市販されている世界で最も高額なハンバーガーとして『ギネス世界記録』に認定された。

しかし2006年6月、この記録をフロリダ州ボカラトンにあるオールドホームステッド・

ステーキハウスが少しばかり更新した。価格が100ドルの「世界一ぜいたくなバーガー」を発表したのである。パティには、アメリカ産牛肉と日本産牛肉とアルゼンチン産牛肉を混ぜ合わせたものを使い、それをグレープシードオイルでソテーして、有機栽培の葉物野菜、マッシュルーム、トマトとともに挟んだバーガーだ。注文がひとつ入るたびに店はメイク・ア・ウィッシュ財団に10ドルを寄付していた（ボカラトンのオールドホームステッド・ステーキハウスは2011年に閉店した）。2005年、ロンドンのナイツブリッジ地区にある高級日本食レストラン「ズマ」が、神戸ビーフで作ったハンバーガーを104ドルで提供し始めた。2006年には、インドネシアのジャカルタにある「フォーシーズンズホテル」のレストランと、スペインのマドリードにあるレストラン「エスティーク」（2023年現在、閉店）が、110ドルのハンバーガーをメニューに加えた。俳優ピアース・ブロスナンがズマのオーナーシェフ、ライナー・ベッカーと会食したとき、ニュージーランド産の神戸ビーフで作った134ドルのハンバーガーが作られ、これは後にメニューに加えられた。ところがその後、ラスヴェガスのレストラン「フルール・ド・リス」が、シャンパンとセットにした5000ドルのハンバーガーを提供して記録を一気に押し上げた。ちなみに、このハンバーガーを注文すると購入証明書がついてくる（フルール・ド・リスは、2010年に「フルール」と改称後、2023年に閉店した）。値段は一気に高騰したが、ハンバーガー通の人々はもうすでに、もっと高額なハンバーガーがすぐに販売されるだろうと予想している。

◉ハンバーガーのこれから

世界一高額なハンバーガーは、レストランが世間の注目を集める助けになるだろうが、いま世界中で食べられているのは、どこにでもある安価なハンバーガーだ。金をかけずに作ることができ、簡単に食べられ、使う肉・その他の具材・調味料の種類を変えるだけで、風味・食感・見た目を際限なく変化させることができる。この適応力と、絶え間ない創意工夫と、組織的な生産システムのおかげで、大手ハンバーガー・チェーンは今後も世界中で拡大し続けていくだろう。

アメリカ人は、今も自宅でハンバーガーを作って食べ続けている。そのことは、ハンバーガー用バンズの売上が過去20年間、右肩上がりで伸びていることから明らかだ。夏のあいだ、特に土日や祝日に屋外でのバーベキューやピクニックでハンバーガーは頻繁に食べられている。そんなハンバーガーは、昔からアメリカの食文化の大きな象徴であり、現在ではグローバル化と大々的な宣伝活動のおかげで、世界中で主要な食べ物になっている。

アメリカでは、レストランで出されるハンバーガーの魅力は、昔も今も、値段が安く、手軽で、どんな食材とも合わせられる点にある。つまりハンバーガーは、さっと食べられて満腹感を得られる料理なのだ。旅行中に旅先でハンバーガー・チェーンを見ると、いつもと変わらぬ見知った姿にホッとする。自宅でバーガーを作る人にとって、ハンバーガーのいいところは、金をかけずに簡単に作れて、しかも家族の好みに合わせられることだ。

この100年間でハンバーガーは急速に進化したし、その進化は今後もきっと続いていくだろう。食べる場所がレストランであれファストフード店であれ、はたまた自分の家であれ、ハンバーガーは今やすっかり日常の一部となっているのである。

謝辞

本書の執筆にあたってご協力いただいた以下の方々に感謝申し上げたい。テキサス州オースティンのバリー・ポピックには、アメリカでのハンバーガーについて調査していただいた。オランダ・ライデン大学日本韓国研究所のカタジーナ・J・チフィエルトカには、日本のハンバーガー事情を教えていただいたのに加え、彼女の著書『現代日本料理：食、パワー、民族的アイデンティティ *Modern Japanese Cuisine: Food, Power and National Identity*』（2006年）から写真を2点使わせていただいた。オーストラリア・クインズランド州ブリズベンのジャネット・クラークソンには、オーストラリアのハンバーガーについて情報を集めていただいた。イリノイ州フォレストヒルズのエレン・スタインバーグには、19世紀のメニューを探し出し、その内容を解説していただいた。マサチューセッツ州ジャマイカプレーンズの料理史研究家・著述家マーク・ザンガーにもお世話になった。ニューヨーク市ブルックリンの料理史研究家・著述家アンディー・コーには、ハンバーグ・ステーキに関する初期の文献を探していただいた。ペンシルヴェニア州パオリの食物史研究家・著述家ウィリアム・ウォイズ・ウィーヴァーにもご協力いただいた。フィラデルフィア図書館会社のウェンディー・ウォロソンには、1876年フィラデルフィア万国博覧会でのハンバーグ・ステーキについて情報を探していただいた。ジュディー・ガージョイには、フィンランドのハンバーガー事情を教えていただいた。

多くの友人からレシピを提供してもらった。ハンバーガーのレシピについては、以下の方々に感謝したい。世界各国に原稿が配信されるフードコラムニストで、料理本の著者・ブロガーであるボニー・タンディー・レブラングには、「フライパンで焼くエレガントなバーガー」のレシピを提供していただいた。ヴァイキング料理学校カリキュラム開発チームのメンバー、リキ・センには、「ミニ・ターキーバーガー」のレシピを提供していただいた。『季節ごとの南西部料理 *Seasonal Southwest Cooking*』の著者バーバラ・プール・フェンズルには、「南西部風ターキーバーガー」と「バーバラの南西部風スパイスミックス」のレシピを提供していただいた。ニューヨークのレストラン「ニース・マタン」のエグゼクティブシェフ、アンディー・ダミーコには「ファイブナプキンバーガー」のレシピを提供していただいた。マーセル・デソルニエには特に感謝申し上げたい。彼の著書『バーガーの達人たち：アメリカ最高のシェフたちが教えるアメリカ最高のバーガーと付け合わせのレシピ *The Burger Meisters:*

America's Best Chefs Give Their Recipes for America's Best Burgers, Plus the Fixin's』は、アメリカの料理大学「カリナリー・インスティテュート・オブ・アメリカ」（ＣＩＡ）の優秀な卒業生47名がレシピを提供した本で、同書の売上はＣＩＡに寄付された。『バーガーの達人たち』掲載のレシピのうち、本書ではビル・カードウェルの「ミズーリサーロインとブルーチーズのバーガー」とマイケル・キアレロの「フライパンで作る野菜バーガー」を使わせていただいた。

図版については、ホワイトキャッスル・システムズ・インターナショナル、ビッグボーイ・インターナショナル、およびロードアイランド州プロヴィデンスのジョンソン・アンド・ウェールズ大学料理博物館の館長・学芸員リチャード・Ｊ・Ｓ・ガットマンに、特に感謝申し上げる。

訳者あとがき

アメリカ生まれのハンバーガーは、今では日本の日常にすっかりなじんでいる。ハンバーガーが日本に伝わったのは第二次世界大戦後で、占領軍としてやってきたアメリカ軍がもたらしたと言われている。「佐世保バーガー」で知られる長崎県佐世保市が「ハンバーガー伝来の地」と呼ばれているのは、1950年ごろに市内の飲食店で、同市に駐留していたアメリカ海軍関係者から教わったレシピでハンバーガーを提供し始めたからだ。その後1970年代からマクドナルドなどのチェーン店が続々と登場したことでハンバーガーは一気に普及し、若い世代を中心に人気のファストフードになった。繁華街や幹線道路沿いにハンバーガー・ショップができ、平日には学生や若者であふれ、休日には幼い子供連れの家族客でにぎわっている。ハンバーガー・ショップは食事処であると同時に働き口でもある。ファミレスやコンビニが普及するまでバーガー・ショップは若者にとって定番のバイト先だったし、現在では日中にシニア層が店員として働いている店も多い。ハンバーガーそのものも日本で独自の進化を遂げている。「テリヤキバーガー」は登場直後からそのおいしさを絶賛され、現在では外国でも販売されている。また「しらすバーガー」や「オニオンビーフバーガー」など、地元の特産品を使った「ご当地バーガー」も各地で誕生している。さらには、バンズの代わりにライスやラーメンを使ったハンバーガーまで登場している。「焼肉ライスバーガー」となると、本来のハンバーガーとの類似点は「タンパク質を主成分とする具材を、炭水化物を主成分とする食材でサンドした料理」ということくらいしか思いつかない。そう言えば、そもそもハンバーガーとは、正式名を「ハンバーガー・サンドイッチ」という、サンドイッチの亜種だ。

そんなハンバーガーの歴史を分かりやすく解説したのが本書『ハンバーガーの歴史』である。本書ではまず、別々に考案されたハンバーグとサンドイッチがいかにして出会い、ハンバーガーとなったかが語られる。次いで、ハンバーガーがアメリカの国民食となるのに貢献したハンバーガー・チェーン各社の歩み、ハンバーガーおよびサイドメニューの進化と多様化、ハンバーガーの世界的普及と現地の社会・文化に与えている影響などを、順次取り上げていく。本書を読めば、アメリカはもちろん世界各国のハンバーガー事情が分かるし、日本でのハンバーガーの歴史が決して特別なものでないことも理解できるだろう。本書を足がかりに、気になる国やチェーン店のハンバーガーについて調べてみてもいい。お気に入りのハンバーガーを片手に、ぜひ楽しんでいただきたい。

本書（原題*Hamburger: A Global History*）は、イギリスの出版社Reaktion Booksが出しているThe Edible Seriesの1冊だ。同シリーズは２００８年に刊行が始まり、２０１０年には料理とワインに関する良書を選定するアンドレ・シモン賞の特別賞を受賞している。その後も同シリーズは好評を博し、２０２３年3月までに93冊が上梓されている。このシリーズの最初を飾った3冊のひとつが『ハンバーガーの歴史』だった。著者のアンドルー・F・スミスは、アメリカ出身の食物史・料理史研究家で、アメリカにおける食べ物の歴史や、食べ物がアメリカ史に与えた影響について、数多くの書籍や記事を執筆しているほか、大学でも講義を行なっている。The Edible Seriesではシリーズ監修を務め、本書以外にも『ジャガイモの歴史』と『砂糖の歴史』（ともに原書房より刊）を著している。

原書が刊行された２００８年から、この「あとがき」を執筆している２０２３年までの15年のあいだに、世界は２００８年のリーマン・ショックや、２０２０年からの新型コロナウイルス感染症パンデミックなど、数々の激変を体験した。その影響は当然ながらハンバーガー業界にも及び、いくつかの企業は事業再編や廃業を余儀なくされた。そのため、原書の記載内容の一部は情報が古くなっている。そこで翻訳にあたっては、統計データなどの情報が２００７年現在のものであることを明記し、２０２３年現在の状況と著しく異なる記述については訳注で指摘した。結果として訳注が多く読みにくい文章になってしまったが、読者のみなさまにはご寛恕いただきたい。なお、原書の先行訳として『ハンバーガーの歴史：世界中でなぜここまで愛されたのか？』（小巻靖子訳。ブルース・インターアクションズ。2011年）があるが、本書は、「『食』の図書館」シリーズに加えるにあたり、先行訳を参照することなく新たに翻訳したものである。

最後に、本書の翻訳にあたっては、原書房の石毛力哉様とオフィス・スズキの鈴木由紀子様に、たいへんお世話になった。ここに深く感謝の意を表したい。ありがとうございました。

2023年11月

小林朋則

写真ならびに図版への謝辞

著者ならびに出版社は、図版の提供または掲載許可をしてくださった以下の方々に感謝申し上げる。また一部の芸術作品については、その所蔵元を以下に記した。

Photos courtesy of Big Boy Restaurants International: p. 99; ©Robert Crumb, 1968: p. 85; photos courtesy of Richard J. S.Gutman: pp. 40 (top), 42 (top), 64, 103; photo Timo Jaakonaho/Rex Features: p. 136; photo © Paul Johnson/2008 iStock International Inc.: p. 4; photos courtesy of the Library of Congress,Washington, dc (Prints and Photographs Division, Office of War Information Photograph Collection): p. 6, 7, 26, 41 (foot), 43 (foot), 47, 48, 53, 54, 59, 105; photos Everett Collection/ courtesy Rex Features: p. 44, 67, 68, 73, 74, 96, 164, 165, 166, 167; photo Patrick Frilet/Rex Features: p. 147; photo David Howells/Rex Features: p. 168 (top); photos Michael Leaman/Reaktion Books: pp. 141, 138, 139, 140, 141, 159; photo Milwaukee Journal Sentinel/Wisconsin Historical Society/ Everett Collection/courtesy Rex Features: p. 28; The Museum of Modern Art, New York (Philip Johnson Fund, 1962): p. 163 (foot); © Claes Oldenburg 2008, courtesy The Oldenburg van Bruggen Foundation: p. 163 (foot); photo © Roger Viollet/courtesy of Rex Features: p. 50; photo Solent News/Rex Features p. 168 (foot); photo © The Andy Warhol Foundation for the Visual Arts/ars, ny: p. 162 (top); photos courtesy of White Castle Systems International: pp. 33, 35, 37; photo © Wisconsin Historical Society/ Everett Collection/courtesy Rex Features: p. 71.

る。ワイルドマッシュルームは、軸を取って千切りにする。トマトは、皮をむき、種を取り出してから、さいの目切りにする。グリンピースは、下ゆでをしておく。パプリカは、焼き目をつけて皮をむいたら、種を取って千切りにする。ほうれん草は、茎を切り落として水洗いしたら、水分をよく取って千切りにする。

2. テフロン加工の大きなフライパンを中火にかけ、オリーブオイルを入れる。オリーブオイルが熱くなったら、長ネギとニンニクを入れて1分炒める。
3. 火を強めの中火にしたらワイルドマッシュルームを入れ、塩と黒コショウを少々加えたら、4～5分炒める。
4. トマトを入れ、塩と黒コショウを少々加えたら、水分がほとんどなくなるまで2分ほど炒める。
5. グリンピース、パプリカ、ほうれん草、バジル、タイムを入れて、全体をかき混ぜながら火が通るまで約2分炒める。
6. フライパンの中身を容量5リットルのステンレス製ボウルに移し、パン粉とパルメザンチーズを加えてよく混ぜ、塩と黒コショウで味を調えたら、そのまま室温になるまで冷ます。
7. オーブンを190℃に温めておく。
8. 6を4等分して1個170g、厚さ2.5cmのパティを4つ作る。パティを皿に並べたらラップをかけ、使うまで冷蔵庫で休ませておく。
9. フォカッチャを横半分に切り、オーブンに入れて2分トーストする。
10. フォカッチャを取り出し、切り口にローストガーリックペーストを塗る。
11. 8のパティを天板に載せ、その上にフォンティーナチーズのスライスを1枚ずつ載せたら、オーブンに入れて16～18分焼く。
12. チーズが溶けて焼き色がつき始め、パティが完全に温まったら、オーブンから出して2等分したフォカッチャで挟む。

＊注：生のワイルドマッシュルームが手に入らない場合は、代わりに生のシイタケを使うとよい。シイタケは人工栽培だが、すばらしい大地の香りがする。また、干しシイタケを使ってもよい。その場合は、干しシイタケ60gを1リットルのぬるま湯に1時間つけて戻し、水気を絞ってから使うこと。

縁に隙間ができないようしっかりと閉じて4つのハンバーグにする。

5. 4に塩とコショウを振ったら皿に並べてラップをかけ、焼くまで冷蔵庫に入れて休ませておく。

6. グリルを使ってハンバーグを薪火か炭火の中火で焼く。好みの焼き加減に合わせて、レアがよければ両面を4〜5分ずつ、ミディアムなら両面を6〜7分ずつ、ウェルダンにしたいなら両面を9〜10分ずつ焼く（このハンバーグをグリルではなく、使い込んだ鉄板やテフロン加工の大きなフライパンを使って強めの中火で焼いてもよい。焼き時間はグリルの場合とほぼ同じ）。

7. コーンミールブレッド8枚を、グリル、鉄板、またはテフロン加工のフライパンで両面を10〜15秒ずつトーストする。

8. コーンミールブレッドに、やわらかくした無塩バターを塗り、ハンバーグを載せる。その上に、チェダーチーズのスライス1枚、ベーコンのスライス2枚、スパイス入りトマトレリッシュ大さじ1を載せ、最後にコーンミールブレッドを載せる。

9. 追加用のスパイス入りトマトレリッシュを添えて出す。

…………………………………………

◎フライパンで作る野菜バーガー

出典：マイケル・キアレロ（カリフォルニア州セントヘレナにあるレストラン「トラヴィニェ」のオーナーシェフ。マーセル・デソルニエ『バーガーの達人たち：アメリカ最高のシェフたちが教えるアメリカ最高のバーガーと付け合わせのレシピ *The Burger Meisters: America's Best Chefs Give Their Recipes for America's Best Burgers, Plus the Fixin's*』（1993年）所収）

（4個分）

エキストラバージンオリーブオイル…大さじ4

長ネギ（中）…1本（白い部分のみ使う）

ニンニク（みじん切り）…小さじ1

ワイルドマッシュルーム（生）…200g（＊注）

塩…適量

黒コショウ（挽きたて）…適量

トマト…1個

グリンピース（さやなし）…65g

赤パプリカ…1個

ほうれん草の葉…6枚

生バジル（粗みじん）…大さじ2

生タイム（みじん切り）…小さじ1

パン粉…ひとつかみ

パルメザンチーズ（すりおろしたもの）…50g

ノォカッチャ…4個

ローストガーリックペースト…適量

フォンティーナチーズの30gスライス…4枚

1. 長ネギは、長さ7cmの千切りにす

ね色になったら、火を強めて飴色になるまで炒める。
4. タイムを加え、塩とコショウで味を調えたら、さらに5分炒めて火から下ろす。

※アイオリ

（4人分）
卵（大）の黄身…2個
ニンニク…8片
オリーブオイル…240ml
搾りたてのレモン汁…小さじ1
塩…適量
コショウ…適量

1. ニンニクを潰してペースト状にし、塩をひとつまみ加える。
2. 黄身を中サイズのステンレス製ボウルに入れ、白っぽくなるまで泡立てる。
3. ボウルに1を加えたら、オリーブオイルをゆっくりと細く垂らし入れながら泡立て器で混ぜる。乳化したら、オリーブを入れるスピードを速めてもよい。
4. レモン汁を入れ、塩とコショウで味を調える。

………………………………………………

◎ミズーリサーロインとブルーチーズのバーガー

出典：ビル・カードウェル「ミズーリサーロインとブルーチーズのバーガー」（マーセル・デソルニエ『バーガーの達人たち：アメリカ最高のシェフたちが教えるアメリカ最高のバーガーと付け合わせのレシピ *The Burger Meisters: America's Best Chefs Give Their Recipes for America's Best Burgers, Plus the Fixin's*』（1993年）所収）

（4個分）
赤身の牛サーロインの挽き肉…680g
ブルーチーズ…28g
塩…適量
コショウ…適量
コーンミールブレッド…8枚
無塩バター…大さじ4
ホワイトチェダーチーズの30gスライス…4枚
カリカリに焼いたスモークベーコンのスライス…8枚
スパイス入りトマトレリッシュ（既製品または自家製）…大さじ4

1. 挽き肉をやさしくこねて85gずつに8等分し、厚さ1.5cmのパティを8つ作る。
2. パティのうち4つの中央にスプーンを使って小さくて浅いくぼみをつける。
3. ブルーチーズを7gずつ4つに分け、ひとつずつ丸めてなめらかなボール状にする。
4. ブルーチーズのボールをパティのくぼみにひとつずつ入れ、残る4つのパティをひとつずつかぶせたら、

◎ファイブナプキンバーガー

レシピ提供：アンディー・ダミーコ（ニューヨークのレストラン「ニース・マタン」のエグゼクティブシェフ）

ファイブナプキンバーガーは、誰もがときどき抱く「子供のころ好きだったものをお腹いっぱい食べたい」という欲求を満たすためにニース・マタンが生み出したバーガーだ。もちろんこれは、ニースの海岸遊歩道に座って食べたいと思うような料理とは違うが、ニースのあるプロヴァンス地方名物アイオリと、フランス産コンテチーズのスライスを加えることで、ニース・マタンにふさわしい一品に仕上がっている。

（4 個分）

牛チャック（肩ロース）の挽き肉（挽きたて）…1kg

ハンバーガー用ロールパン（ブリオッシュが望ましい）…4 個

コンテチーズ（グリュイエールチーズで代用可）…110g

オニオン・キャラメリゼ（後述）…カップ 1 と 1/2

アイオリ（後述）…カップ 1

完熟ビーフステーキトマトのスライス…4 枚

トレビスまたはサラダ菜の葉…4 枚

1. ロールパンを横半分に切り、トーストする。チーズは 8 枚にスライスする。
2. 挽き肉を 4 等分し、厚さ約 2.5cm のパティを 4 つ作る。
3. 熱いグリル、熱した鉄のフライパン、またはオーブンでパティを好みの焼き加減に焼く。途中でパティにチーズのスライスを 2 枚ずつ載せて溶かす。
4. 焼き上がったパティを、ロールパンの下半分に載せ、その上にたっぷりのオニオン・キャラメリゼ、スプーン山盛りのアイオリ、トレビスまたはサラダ菜、トマトを載せたら、最後にロールパンの上半分を載せる。
5. 食べるときに汚れてもよいよう、5 枚のナプキンを用意する。

※オニオン・キャラメリゼ

オリーブオイル…大さじ 2

タマネギ…2 個

タイム…小さじ 1

塩…小さじ 1

コショウ…適量

1. タマネギを薄くスライスする。
2. 大きなフライパンでオリーブオイルを熱し、タマネギと塩を入れたら、弱火で 45 ～ 60 分じっくりと炒める。キャラメリゼが急に進まないよう注意しながら、10 分おきにタマネギをかき混ぜること。
3. タマネギがしんなりして、きつ

リーブオイルを塗り、塩と黒コショウを振る。

5. グリルが熱くなったら、4のタマネギとパティを載せて焼く。
6. タマネギは、うっすら焼き色がついてやわらかくなるまで、両面を5分ずつ焼く。焼けたら火から下ろしておく。
7. パティは、完全に火が通るまで両面を6分ずつ焼く。焼き上がる1分前になったらパティにチーズのスライスを載せ、チーズが溶けるまで焼き続ける。
8. バンズを、切った面を下にしてグリルに載せ、約1分、うっすらきつね色になってパリッとするまで焼く。
9. 小さなボウルにチポトレとマヨネーズを入れてよく混ぜ、チポトレマヨネーズを作る。
10. バンズの片面に9を大さじ1程度ずつ塗る（チポトレマヨネーズが余ったら、ターキーサンドイッチをピリ辛にするのに使うとよい）。
11. 下側のバンズに、焼いたパティ、焼いたタマネギ、アボカドのスライス、トマトのスライスを載せ、最後にバンズの上半分を載せる。

※バーバラの南西部風スパイスミックス

このスパイスミックスは何にでも使える。鶏肉やシーフードなどの下味つけに使ったり、焼く前のトルティーヤチップスに振りかけたり、野菜と和えたり、ディップやサラダ・ドレッシングの味つけに使ったりするといい。

クミンシード…大さじ1
コリアンダーシード…大さじ1
黒コショウ（ホール）…大さじ1
チリペッパー（パウダー）…大さじ2
砂糖…小さじ1
塩…小さじ1
カイエンペッパー…小さじ1/2

1. 小さなフライパンを中火にかけ、温まったらクミンシード、コリアンダーシード、黒コショウを入れて、クミンシードがこんがり色づき、3つのスパイスすべてから香りが立つまで、約5分加熱する。
2. 1を電動スパイスミルに入れて細かく挽く。
3. 2を小さなボウルに移し、チリペッパー、砂糖、塩、カイエンペッパーを入れてよく混ぜる。
4. 密閉できる蓋のついたガラス瓶に3を入れる。常温で1か月間保存可能。

＊注:「チリペッパー（パウダー）」とは、乾燥させた唐辛子の粉末で、他のスパイスや保存料を含んでいないもののこと。専門店や通信販売で購入可能。よく似た名前の「チリパウダー」は、粉末唐辛子に他の材料を何種類も混ぜたものである。間違えていないかラベルを見て確認すること。

70℃になるまで焼く。チーズバーガーにする場合は、焼き上がる1分前にスライスチーズを載せる。
8. パティをフライパンから取り出し、ロールパンの下半分に1個ずつ載せる。さらに好みのトッピングを載せ、最後にロールパンの上半分を載せる。

＊注：パティをグリルで焼く場合は、まず、あらかじめグリルを中火に温めておく。焼き網は、硬いブラシで汚れを落とし、焦げつき防止のため全体に油を塗る。グリルが熱くなったらパティを載せ、そのまま約4～5分、パティの下面がカリッときつね色になるまで焼き、焼けたらひっくり返して、さらに約5分、反対側もカリッときつね色になり、パティの中央に肉用温度計を刺して70℃になるまで焼く。チーズバーガーにする場合は、焼き上がる1分前にスライスチーズを載せる。

……………………………………………

◎南西部風ターキーバーガー

レシピ提供：バーバラ・プール・フェンズル（『季節ごとの南西部料理 *Seasonal Southwest Cooking*』の著者。なお同書は、グルマン世界料理本大賞の2005年アメリカ郷土料理部門でグランプリを受賞した）

七面鳥（ターキー）の挽き肉は牛の挽き肉よりも健康的で、このバーガーを一度食べたら、そのあまりのおいしさに、ほかのバーガーは食べられなくなるだろう。

（4個分）
七面鳥の挽き肉…450～550g
青ネギ（小口切り）…カップ1/2
南西部風スパイスミックス（後述）…大さじ1
オリーブオイル…大さじ1
紫タマネギのスライス（厚さ1cm程度）…4枚
塩…適量
黒コショウ（挽きたて）…適量
アサデロチーズのスライス…4枚
ハンバーガー用バンズ…4個
アドボソース漬けのチポトレ…1個
マヨネーズ…120ml（大さじ8）
アボカド…1個
トマト…1個

1. バンズは、横半分に切っておく。アボカドは種を取って皮をむき、薄いスライスにする。トマトも薄いスライスにする。
2. 中ぐらいの大きさのボウルに挽き肉、青ネギ、スパイスミックスを入れてよく混ぜたら、4等分して厚さ2.5センチ程度のパティを4つ作る。
3. バーベキュー・グリルをあらかじめ熱しておく。
4. タマネギのスライスの両面にオ

8. 完成したソースをパティにかける。お好みで、パティをピタパンに挟んでソースをかけてもよい。付け合わせには、蒸したフェンネルやグリーンサラダがよい。

◎ミニ・ターキーバーガー

レシピ提供：リキ・セン（ヴァイキング料理学校、法人向けカリキュラム開発担当マネージャー／事業部長）。ヴァイキング料理学校の許可を得て掲載。

（8個分）
七面鳥の胸肉の挽き肉…440g
A（味つけ調味料）
- リコッタチーズ（部分脱脂乳使用）…80ml
- 塩…小さじ3/4
- 黒コショウ（挽きたて）…小さじ1/2
- ガーリックパウダー…小さじ1/4
- ディジョンマスタード…小さじ1
- ウスターソース…小さじ1と1/2

油（キャノーラ油またはグレープシードオイル）…小さじ2
ロールパン（ディナーロールまたはパーカーハウスロール）…8個
トッピング（お好みで）
- スライスチーズ（チェダーチーズ、アメリカンチーズ、モントレージャックチーズ）
- マスタード
- ケチャップ
- マヨネーズ
- レタス
- ミニトマトのスライス
- ピクルスのスライス

1. ロールパンを、あらかじめハンバーガーのバンズのように横半分に切っておく。
2. Aを大きなボウルに入れて、しっかりと混ぜる。
3. 2に挽き肉を加え、大きな木べらで全体が均等になるまでやさしく混ぜる。混ぜすぎるとバーガーが固くなるので注意すること。
4. 3を8等分し、ひとつずつやさしく丸めてボール状にしたら、平らに潰してパティにする。パティの直径は、ロールパンとほぼ同じにする。
5. 大きなフライパン（またはグリルパン）を中火にかける（＊注）。フライパンが温まったら油を入れ、フライパンをゆっくり回して油を全体に均一に広げ、そのまま油を熱する。
6. 油が熱くなったらフライパンにパティを並べる。このとき、パティどうしが重なったりくっついたりしないよう気をつけること。そのまま約3～4分、パティの下面がカリッときつね色になるまで焼く。焼けたらフライ返しで慎重にひっくり返し、反対側もカリッときつね色になるまで約3分焼く。
7. 火を弱火にして、フライパンに半分蓋をし、そのままさらに約3分、パティの中央に肉用温度計を刺して

1. A をすべて混ぜ、あらかじめバターを塗っておいた食パンで挟んで適当な大きさに切り、サンドイッチにする。
2. B をすべて混ぜて衣を作る。
3. サンドイッチをひとつずつ衣に浸し、フライパンで熱した食用油できつね色になるまで揚げる。
4. 揚がったら皿に盛ってコールスローを添える。

現代のレシピ

◎フライパンで焼くエレガントなバーガー

このレシピを提供してくれたのは、世界各国に原稿が配信されるフードコラムニストで、料理本の著者・ブロガーのボニー・タンディー・レブラングである。詳細については彼女のウェブサイト www.biteofthebest.com を参照してほしい。

このレシピは、準備時間は 7 分、調理時間は 12 分である。

(6 個分)
A (ハンバーグ)
- 赤身の牛挽き肉…680g
- 卵…1 個
- ケチャップ…大さじ 2
- マスタード…大さじ 1
- 乾燥タイム…小さじ 1
- 黒コショウ…適量

小麦粉…適量
植物油…小さじ 2
B (ソース)
- 青ネギ (みじん切り) …4 本分
- ビーフ・ブイヨンまたはチキン・ブイヨン…120ml
- ケチャップ…大さじ 1
- マスタード…大さじ 1

(以下はお好みで)
マッシュルームのスライス…280g 入り 1 パック
白ワイン…120ml
ピタパン…6 個

1. A をよく混ぜたら、6 等分してパティを 6 つ作る。時間があれば、パティを焼く前に 10 分ほど冷蔵庫で休ませるとよい。
2. パティに軽く小麦粉を振り、余分な小麦粉を払い落とす。
3. フライパンに植物油を入れて熱し、パティを入れたら好みの焼き加減になるまで、両面を 3 〜 5 分ずつ焼く。
4. パティをフライパンから取り出し、余分な油を捨てる。
5. フライパンに青ネギを入れ、やわらかくなるまで約 1 分炒める。お好みでマッシュルームも加えてもよく、その場合はマッシュルームがやわらかくなるまで 5 〜 8 分炒める。
6. ブイヨンまたは白ワインを加え、フライパンについた焦げをこそげ取りながら煮つめる。
7. B (ソース) 用のケチャップとマスタードを加えてよく混ぜる。

赤身のハム（加熱済み）…適量
キュウリのピクルス…ハムの量の1/3
ケイパー…少々
マヨネーズ（固めのもの）…適量
タラゴンビネガー…適量
食パン（薄切り）…数枚
バター…適量
キュウリ…適量
パセリ…適量

1. ハム、キュウリのピクルス、ケイパーを細かいみじん切りにする。
2. 1にマヨネーズとタラゴンビネガーを加えてよく混ぜる。
3. あらかじめバターを塗っておいたパンに2を塗り、パンをもう1枚を重ねてから、ひし形、長方形、楕円などの形に切って小さなサンドイッチにする。
4. 皿に載せ、飾りとしてイチョウ形に切ったキュウリのスライスとパセリを添える。

……………………………………………

◎ハンバーガー・ステーキ・サンドイッチ

エヴァ・グリーン・フラー『最新サンドイッチ・ブック：サンドイッチを作る555の方法 *The Up-to-date Sandwich Book: 555 Ways to Make a Sandwich*』（1927年）より

食パン（薄切り）…2枚
ハンバーガー・ステーキ…1個
バター…適量
ピクルス…1個

1. 食パンにあらかじめバターを薄く塗っておく。
2. ハンバーガー・ステーキをバターでウェルダンになるまで焼く。
3. 2を食パンで挟んでしっかりと押さえ、皿に載せたらピクルスを添える。

……………………………………………

◎ハンバーガー・サンドイッチ

フローレンス・A・コールズ『700種類のサンドイッチ *Seven Hundred Sandwiches*』（1929年）より

A（具材）
調理済み牛挽き肉…カップ1
辛いトマトソース…適量
パセリ（みじん切り）…小さじ1
ピーマン（みじん切り）…小さじ1
マッシュルーム（みじん切り）…3個分
食パン…数枚
バター…適量
B（衣）
卵…1個
牛乳…カップ1
小麦粉…カップ1/2
塩…適量
コショウ…適量
食用油…適量
コールスロー…適量

◎生牛肉のビーフ・サンドイッチ

メアリー・J・リンカーン『リンカーン夫人のボストン料理帳：料理ですべきこととすべきでないこと *Mrs. Lincoln's Boston Cook Book: What to Do and What Not to Do in Cooking*』（1884年）より

生の牛肉（新鮮でしっとりとしていて、やわらかいもの）…1切れ
食パン（薄切り）…2枚
塩…適量
コショウ…適量

1. 牛肉を細かくこそげ取り、塩とコショウでしっかり味をつける。
2. 1を食パンに塗り、サンドイッチのように合わせる。
3. 小さな正方形またはひし形に切る。

生肉を食べられない患者でも、これなら食欲をそそられることが多い。軽くトーストすると食べやすくなる場合がある。

◎ソールズベリーのレシピ（ソールズベリー・ステーキ）

ジェームズ・H・ソールズベリー『栄養と疾病の関係 *The Relation of Alimentation and Disease*』（1888年）より

赤身の牛肉…適量
バター…適量
塩…適量
コショウ…適量

1. 牛肉を細かく刻みながら、スプーンで筋繊維をこそげ取る。このとき、取り出した筋繊維に結合組織や脂肪、軟骨ができるだけ混じらないようにする。結合組織を切り離すには、「アメリカン・チョッパー」がたいへん役に立つ。
2. 筋繊維を、押し固めないよう注意しながらひとつにまとめ、厚さ1～2.5cmの塊に成形する。
3. 2を弱火でじっくり直火焼きにする。
4. 火が通ったら、あらかじめ温めておいた皿に載せ、バター、塩、コショウで味を調える。好みに応じて、ウスターソース、ハルフォードソース（イギリス・レスターシャー産の、ウスターソースに似たソース）、マスタード、ホースラディッシュ（西洋わさび）、レモンの搾り汁をかけてもよい。

◎タルタル・サンドイッチ

チャールズ・ハーマン・セン『厳選サイドディッシュ：オードブルとサンドイッチ *Recherché Side Dishes: Hors d'Oeuvres and Sandwiches*』（1901年ごろ）より

レシピ集

歴史的レシピ

◎ハンブルク・ソーセージ

ハンナ・グラス『簡単で分かりやすい料理術 *The Art of Cookery Made Plain and Easy*』(1758年) より

牛肉…450g
牛脂…550g
A (調味料)
　コショウ…適量
　クローブ…適量
　ナツメグ…適量
　ニンニクのみじん切り…大量
　白ワインビネガー…適量
　粗塩…適量
　赤ワイン…グラス1杯
　ラム酒…グラス1杯
腸管 (できるだけ大きなもの) …1本

1. 牛肉を非常に細かく刻み、そこに牛脂220gを加えてさらに刻む。
2. 牛脂330gを大きく切り分け、1に加えてよく混ぜる。
3. A (調味料) をすべて入れてよく混ぜる。
4. 腸管に3を隙間なく詰めたら、煙突につるし、おがくずを使って1週間から10日間ほどいぶす。
5. いぶし終わったら外気にさらして乾燥させる。

しっかり乾燥させれば1年間保存可能。エンドウ豆のポリッジに入れて煮たり、ローストしたものをトーストに載せたりオムレツに入れたりすると、たいへん美味。

◎ビーフ・サンドイッチ

エリザベス・S・ミラー著『キッチンにて *In the Kitchen*』(1875年) より

生の牛肉 (上質でやわらかいもの)
　…1切れ
食パン…1枚
コショウ…適量
塩…適量
バター (お好みで) …適量

1. スプーンなどを使って牛肉を大さじ1～2杯分こそげ取り、塩・コショウで味を調える。
2. 1を食パンに塗る。お好みで、食パンにあらかじめバターを塗っておいてもよい。
3. 2を二つ折りにし、耳を切り落として3等分にする。

アンドルー・F・スミス（Andrew F. Smith）
1946年生まれ。ニューヨークのニュースクール大学で食物学を教えるかたわら、食べ物や料理の歴史に関する書籍や記事を多数執筆する。2005年には、編集・執筆を手掛けた『オックスフォード百科事典：アメリカの食べ物と飲み物 The Orford Encyclopedia on Food and Drink in America』が、食のオスカー賞とも呼ばれるジェームス・ビアード賞の最終選考作品となった。邦訳に『「食」の図書館 ジャガイモの歴史』（原書房）がある。

小林朋則（こばやし・とものり）
翻訳家。筑波大学人文学類卒。主な訳書にマッキンタイアー『KGBの男――冷戦史上最大の二重スパイ』、アームストロング『イスラームの歴史――1400年の軌跡』、パーカー他『ヴィジュアル歴史百科』、トールキン『トールキンのアーサー王最後の物語〈注釈版〉』他多数。

Hamburger: A Global History by Andrew F. Smith
was first published by Reaktion Books, London, UK, 2008, in the Edible series.

「食《しよく》」の図書館《としよかん》

ハンバーガーの歴史《れきし》

●

2024 年 *1* 月 *31* 日　第 *1* 刷

著者……………アンドルー・F・スミス
訳者……………小林朋則《こばやしとものり》
装幀……………佐々木正見
発行者……………成瀬雅人
発行所……………株式会社原書房

〒 160-0022 東京都新宿区新宿 1-25-13
電話・代表 03(3354)0685
振替・00150-6-151594
http://www.harashobo.co.jp

印刷……………新灯印刷株式会社
製本……………東京美術紙工協業組合

ISBN 978-4-562-07358-0, Printed in Japan